Barbara Bartos-Höppner · Schnüpperle

Barbara Bartos-Höppner

Schnüpperle

*Vierundzwanzig Geschichten
für die Weihnachtszeit*

C. Bertelsmann

22. Auflage 1987

Einband und Illustrationen von Ursula Kirchberg
© 1969 C. Bertelsmann Verlag GmbH, München
Gesamtherstellung Mohndruck Graphische Betriebe GmbH, Gütersloh
ISBN 3-570-02743-0 · Printed in Germany

Der 1. Dezember

»Wenn man sich's genau überlegt, fängt der erste
Dezember schon am Abend vorher an«, sagt Annerose,
»weil man's kaum noch erwarten kann.« Sie steht im
Nachthemd vor ihrem Adventskalender. Mutter hat ihn
nach dem Abendbrot aufgehängt. Einen für Annerose und
einen für Schnüpperle.
Es sind ganz besondere Adventskalender. Mutter hat sie
selber genäht. Richtige Wandteppiche sind es, mit vier-
undzwanzig Beuteln daran, alle noch zugebunden. Ein
Kalender ist aus grünem Stoff mit goldener Borte rings-
herum, an dem hängen rote Beutel, und der gehört
Annerose. Der andere ist aus rotem Stoff mit grünen
Beuteln und Silberborte ringsherum, der ist für
Schnüpperle.
»Bei mir killert's richtig im Bauch«, sagt Schnüpperle, »bei
dir auch, Annerose?«
»Hmhm.«
Schnüpperle sieht zu Annerose hinüber. »Bei mir killert's
aber mehr.«
»Wieso?«
»Weil du bloß ›hmhm‹ gesagt hast. Sonst sagst du immer
›enorm‹ oder ›wahnsinnig‹ oder irgend so was anderes
Dickes.«
»Nein«, sagt Annerose, »wenn ich mich ganz furchtbar
doll freue, kann ich gar nichts sagen.«

»Aber bei mir killert's so sehr, daß ich hopsen muß«,
sagt Schnüpperle und springt im Bett rauf und runter.
»Mutter kommt!« ruft Annerose und saust unter die Decke.
Schnüpperle läßt sich fallen und faltet die Hände. »Lieber
Gott, mach mich fromm, daß ich in den Himmel komm.
Und mach bitte, daß ganz schnell morgen früh ist.«
Annerose kichert ins Kopfkissen.
»Wenn der Kuckuck siebenmal zum Türchen herausruft«,
sagt Mutter, »dann dürft ihr aufbinden. Und jetzt gute
Nacht!« Sie knipst das Licht aus und geht.
»Hast du gesehen, wie dick die Beutel sind, Annerose?
Manche stehen richtig ab.«
»Hab ich alles gesehen.«
»Ob man schon mal fühlen darf?«
Annerose überlegt.
»Nein«, sagt sie dann, »darf man nicht.«
»Aber wo's doch so finster ist!«
»Darf man nicht.«
»Aber man weiß doch im Finstern nicht, welches
Beutelchen man angegrabbelt hat.«
»Mutter sagt, richtige Freude ist erst, wenn man drauf
warten muß.«
Schnüpperle seufzt. Nach einer Weile sagt er: »Wollen
wir den Vorhang ein Stück aufziehen? Dann sieht man's
noch ein bißchen.«
Damit ist Annerose einverstanden.
Jedesmal, wenn ein Auto vorbeifährt, wird es hell im
Zimmer. Dann leuchten die Borten am roten und grünen
Stoff.

»Ach, schön«, sagt Schnüpperle, »mir wird so weihnachtsglitzerig.«
Sie warten auf das nächste Auto und schlafen darüber ein.

Am anderen Morgen ist Schnüpperle wach, bevor der Kuckuck siebenmal ruft.
Welchen Beutel mach ich auf, denkt Schnüpperle, einen von unten oder lieber einen von oben? Ganz oben nicht, weil ich da erst auf den Stuhl klettern muß. Ich werde einen aus der Mitte nehmen.
Beim ersten »Kuckuck« kommt die Mutter und weckt Annerose. Heute springt Annerose sofort aus dem Bett.
»Welchen Beutel nimmst du?« fragt Schnüpperle.
»Oh, ich weiß nicht! Oh, welchen nehm ich denn bloß?«
»Ich bin für Mitte«, sagt Schnüpperle.
»Da kommst du auch am besten dran.«
»Gar nicht wahr, unten genausogut.«
»Ich bin für oben, genau der Reihe nach«, sagt Annerose und zieht schon die Schleife auf.
»Schnüpperle! Mutter! Ein Pilz, ein Glückspilz aus Schokolade!«
In der Aufregung verknotet Schnüpperle die Schleife.
»Mutter! Mutter! Annerose! Es geht nicht! Ich krieg's nicht auf!«
Mutter kann's auch nicht, weil sie ihre Brille nicht hat. Schnüpperle fängt an zu heulen. Da kommt Vater mit der Schere. Und dann fährt Schnüpperle mit Daumen und Zeigefinger in den Beutel: eine Marzipankartoffel, noch eine und noch eine.

»So viel! Ooch, so viel!« sagt Schnüpperle und zeigt seinen Reichtum herum. »Ich hab mehr als du, Annerose!«
»Aber ich habe einen Glückspilz und du bloß Kartoffeln!«
»Aber aus Marzipan!« sagt Schnüpperle und hat schon ganz braune Finger vom Kakao. »Ißt du deins gleich auf, Annerose?«
»Du?«
»Eine«, sagt Schnüpperle.
»Ich heb meinen Glückspilz auf, bis ich aus der Schule komme.«
»Dann ißt du ihn?«
»Ja.«
»Ganz?«
»Ja.«
»Schenkst du mir das Papier von drumrum? Kann ich gut gebrauchen.«

Der 2. Dezember

In der Adventszeit muß Pfefferkuchen im Haus sein, sagt Mutter immer, deshalb backt sie heute. Noch nicht alles, nur so zum Kosten und Knabbern.
»Pfefferkuchen schmeckt vor Weihnachten ohnehin am besten«, behauptet Vater.
Mutter lacht. »Und wer langt an den Feiertagen am meisten zu?« fragt sie.
»Schnüpperle«, sagt Vater.
»Gar nicht wahr, du futterst am meisten. Und immer sagst du: das ist der letzte, sonst werd ich zu dick.«
»Sag ich das?«
»Ja, und dann nimmst du doch wieder einen.«
»Den allerletzten«, sagt Vater.
»Und dann den allerallerletzten!« sagt Schnüpperle. »Bis dir der Bauch weh tut.«
Als Vater gegangen ist, holt Mutter die Schüssel mit dem braunen Pfefferkuchenteig aus dem Keller. Sie schneidet einen dicken Klumpen heraus, und Schnüpperle bekommt ein Stück davon ab. Er kann damit backen, was er will.
»Ich mach einen Hund«, sagt Schnüpperle.
Mutter rollt ihm den Teig platt, dann nimmt sie sich ihren Klumpen vor. Sie sticht Herzen mit der Form heraus und Sterne und Halbmonde. Schnüpperle müht sich derweil mit dem Teigschaber ab.
»Ich glaube, ein Hund ist zu schwer«, sagt Schnüpperle.

»Ich krieg den Kopf nicht richtig hin, und die Beine sind viel zu lang, wie'n Pferd!«
»Hals hat er auch keinen«, sagt Mutter.
»Was könnte ich denn sonst machen?«
»Ich wüßte was Einfaches, aber ob es dir gefällt...«
»Was denn?«
»Einen Schneemann.«
»Einen Schneemann? Aber braunen Schnee gibt's doch gar nicht«, sagt Schnüpperle.
»Wir könnten deinen Schneemann aber mit weißem Zuckerguß bestreichen.«
»O ja! Und die Augen?«
»Haselnüsse.«
»O ja! Und die Knöpfe auf dem Bauch?«
»Mandeln.«
»O ja! Und die Nase?«
»Ein Stückchen Zitronat.«
»O ja!« Schnüpperle knautscht den Teig zusammen, und Mutter rollt ihn wieder aus. Dann hilft Mutter mit. Schnüpperle sticht eigentlich nur den Bauch aus. Brust, Kopf und Arme formt Mutter. Aber die Arme sind auch besonders schwer anzukneten, weil der Schneemann sie in die Seiten stemmt.
Ganz vorsichtig legt Mutter den Teigmann aufs Backblech und schiebt es in den Ofen. Nach fünf Minuten sieht sie nach, wie weit der Schneemann ist. Schnüpperle darf auch gucken.
»Ooch, ist der aber dick geworden! Der bläst sich ja auf wie 'n Luftegong.«

»Luftballon heißt es.«
»Weiß ja, aber ich hab doch immer so gesagt, als ich noch klein war.«
Mutter rührt schnell Puderzucker mit Wasser an. Jetzt ist der Schneemann auch fertig gebacken. Mit dem Messer nimmt sie ihn vom Blech ab. Schnüpperle wartet schon mit dem Pinsel. Er taucht ihn in den Zuckerbrei und bestreicht den braunen Mann. Mutter setzt zwei Haselnußaugen ins Gesicht und eine spitze grüne Zitronatnase. Schnüpperle drückt die Mandelknöpfe auf den dicken Bauch.
»Ooch, sieht der hübsch aus!« sagt Schnüpperle. »Bloß gut, daß ich keinen Hund gemacht habe, den hätte ich nicht so gut gekonnt.«
»Jetzt muß er trocknen«, sagt Mutter. Sie legt den Schneemann beiseite, damit sie weiter Herzen und Sterne ausstechen kann.
Alle Augenblicke fragt Schnüpperle:
»Ist er jetzt trocken?«
»Nein, noch nicht.«
»Jetzt?«
»Nein. Warum hast du's denn so eilig?«
»Weil ich mich freue, daß er mir so gut geraten ist. Wo stell ich ihn bloß hin, damit ihn viele sehen können? Ans Fenster?«
»Am Fenster ist es zu feucht, da wird er weich und fällt zusammen. Aber ich wüßte was«, sagt Mutter.
»Wohin denn?«
»Wir hängen ihn zwischen die grünen Zweige am

Treppengeländer, da sieht ihn auch jeder, der zu uns kommt.«

»O ja! Aber wie hängen wir ihn denn auf? Kloppen wir einen Nagel durch?«

Mutter überlegt. »Ich weiß«, sagt sie. »Wir binden ihm eine Schleife um den Bauch und hängen ihn hinten daran auf.«

»Ja?« fragt Schnüpperle. »Ja? Aber einen Schneemann mit Schleife um den Bauch habe ich überhaupt noch nicht gesehen.«

»Unserer ist ja auch ein ganz besonderer. Er schmilzt nicht, er riecht gut und schmeckt süß. Da kann er ruhig eine Schleife haben.«

»O ja!« sagt Schnüpperle, »er ist ein richtiger Pfefferkuchenweihnachtsschneemann.«

DER 3. DEZEMBER

Schnüpperle steht am Küchenfenster und wartet auf Annerose. Schnüpperle steht mittags immer am Küchenfenster. Er paßt auf, ob Annerose rennt.
»Sie kommt!« ruft Schnüpperle. »Sie rennt! Sie hat's

nötig!« Schnüpperle reißt die Haustür auf, damit Annerose nicht erst klingeln muß.
Annerose kommt die Treppe heraufgesprungen, daß die Bücher im Schulranzen bumsen. Schnüpperle hält schon die nächste Tür auf, aber Annerose will da gar nicht hin. »Mutter! Schnüpperle! Wir machen Weihnachtsfeier!« ruft sie. »Jede Klasse kommt dran. Ich bin eine Schneeschnuppe, nein, eine, eine Sternflocke, ach nein, ich bin eine Schneeflocke.« Annerose läßt den Ranzen fallen. »Es wird wahnsinnig schön. Fräulein Buschmann übt's mit uns ein, in der Turnstunde, und in Handarbeit nähen wir die Kostüme. Es wird wundervoll.«
»Kann ich zugucken, wenn ihr spielt?« fragt Schnüpperle.
»Glaub ich nicht, ist doch bloß für die Schule, aber für die ganze Schule.«
»Ooch, schade«, sagt Schnüpperle. »Was mußt du denn sagen, Annerose?«
»Sagen gar nichts, singen.«
»Bloß singen?«
»Singen ist sehr schön«, sagt Mutter.
»Ich muß ja auch noch tanzen.«
»Ganz alleine?« fragt Schnüpperle.
»Nicht ganz alleine, alle aus der Klasse. Wir tanzen einen Schneeflockenreigen.«
»Und keiner sagt was?« fragt Schnüpperle.
»Doch. Manche sagen Gedichte auf, manche spielen Flöte, und zum Schluß kommt ein Krippenspiel, das machen aber die Großen.«
»Was ist ein Krippenspiel?«

»Na, es wird alles gespielt, was damals in Bethlehem passiert ist, mit Maria und Josef und der Krippe und den Hirten und dem Engel.«
»Alles ganz genau?«
»Hmhm.«
»Habt ihr denn in der Schule einen Esel und eine Kuh?«
»Natürlich nicht.«
»Dann ist es auch nicht genau wie in Bethlehem«, sagt Schnüpperle.
»Vielleicht machen sie die Tiere aus Pappe.«
»Ooch, bloß aus Pappe, das find ich nicht schön. Ich mag Kühe so gern streicheln, und einen richtigen Esel möchte ich auch mal.«
»Du darfst doch gar nicht hin, da kann's dir ja egal sein«, sagt Annerose.
»Und wer ist das Christkind in der Krippe?« fragt Schnüpperle.
»Weiß ich nicht. Wir kriegen ganz weiße Kleider, alles mit Glitzerwatte benäht«, erzählt Annerose.
»Ist das Christkind auch aus Pappe?« fragt Schnüpperle.
»Weiß ich nicht. Und lauter lose Fäden hängen uns vom Hals runter, an die wird Glitzerwatte genäht.«
»Aber das Christkind ist doch das Allerwichtigste, Annerose.«
»Sie werden wohl eine Puppe nehmen«, sagt Annerose.
»Wir müssen ganz leicht hüpfen, geradeso, als wenn's schneit.«
»Aber eine Puppe merkt doch nicht, daß sie auf Stroh liegt und daß es kalt ist.«

»Hör jetzt endlich auf mit dem Krippenspiel«, sagt
Annerose. »Wir singen ›Schneeflöckchen, Weißröckchen‹,
alle Strophen, und vielleicht sogar alle Strophen zweimal.«
»Annerose, könntest du nicht Fräulein Buschmann fragen,
ob ich das Christkind sein kann?«
»Du bist doch schon viel zu groß, Schnüpperle«, sagt
Mutter.
»Ich würde mich aber ganz klein machen, so klein, daß
man nur die Füße sieht und die Hände und die Nase. Aber
ich würde schreien, weil mich das Stroh pikt und weil mir
so kalt ist.«
Annerose lacht. »Wenn du anfängst zu schreien, kriegen
die Zuschauer einen Schreck.«
»Sollen sie doch! Warum haben die Leute dem kleinen
Christkind bloß eine Krippe gegeben. Annerose, fragst du
Fräulein Buschmann?«
»Nein.«
»Warum nicht, Annerose?«
»Weil es nicht geht.«
»Du magst ja bloß nicht fragen. Immer, wenn ich mal was
will, geht es nicht.« Schnüpperle dreht Annerose den
Rücken zu.
»Es gibt heute Eierkuchen mit Blaubeeren«, sagt Mutter.
»Den ersten bekommt Schnüpperle.«
»Morgen fangen wir schon an zu üben«, sagt Annerose,
»und heute nachmittag kauft Fräulein Buschmann den
weißen Stoff und die Glitzerwatte.«
»Du mit deiner Glitzerwatte!« sagt Schnüpperle. »Ich will
gar nichts sehen, wo doch alles bloß aus Pappe ist.«

Der 4. Dezember

»Heute müssen wir Kirschzweige schneiden«, sagt Mutter, »für jeden von uns einen.«
»Und dann?« fragt Schnüpperle.
»Dann bindet jeder ein buntes Bändchen an seinen Zweig, damit er ihn wiedererkennt, und dann stellen wir sie alle zusammen in eine Vase.«
»Und dann?« fragt Schnüpperle.
»Dann werden sie zu Weihnachten blühen. Und wer die meisten Blüten an seinem Zweig hat, der wird im nächsten Jahr das meiste Glück haben.«
»Bestimmt ich!« sagt Schnüpperle. »Bestimmt!«
Schnüpperle denkt eine Weile nach, dann klettert er auf Mutters Schoß. »Und du«, sagt er, »du und ich, wir beide, nicht?«
»Wenn ich viel Glück habe«, sagt Mutter, »dann gebe ich Annerose und Vater etwas davon ab.«
»Ich auch«, sagt Schnüpperle. »Kann ich Susanne auch einen Zweig bringen? Susanne soll auch viel Glück haben. Susanne gibt mir bestimmt was ab. Sie borgt mir auch immer ihren Lutscher, wenn ich keinen habe. Und wenn sie viel Glück hat, schenkt sie mir vielleicht einen Lutscher für mich allein, weil es von dem Zweig kommt. – Warum müssen wir heute Zweige schneiden? Wir hätten's doch schon gestern machen können, damit wir das Glück nicht verpassen.«

»Kirschzweige werden am Barbaratag geschnitten«, sagt Mutter, »und der ist heute.«
»Was ist Barbaratag?« fragt Schnüpperle. »So was wie Nikolaustag?«
»Ja, so.«
»Gibt's auch einen Annerosetag und einen Susannetag?«
»Ja.«
»Aber man bekommt nichts geschenkt bei den Mädchen, bloß wenn es Männertage sind, nicht?«
»Am Barbaratag bekommt man Kirschzweige.«
»Ach ja. Heißt es Barbaratag, weil man Zweige bekommt?«
»Nein, weil man an die heilige Barbara denken soll«, sagt Mutter.
»Bin ich auch heilig?«
»Aber nein, Schnüpperle.«
»Aber mein Knie ist heilig.« Schnüpperle zieht das Hosenbein hoch. »Ist doch wieder heilig geworden, als ich so doll hingefallen bin.«
»Dein Knie ist geheilt, Schnüpperle, aber die Barbara ist heilig, das ist anders.«
»Wie denn?«
»Sie hat ganz fest an den lieben Gott geglaubt und an den Herrn Jesus.«
»Tu ich auch«, beharrt Schnüpperle.
»Soll ich's nun erzählen oder nicht?« fragt Mutter.
Schnüpperle senkt den Kopf.
»Barbaras Vater wollte nicht, daß sie an den lieben Gott glaubt und an den Herrn Jesus«, sagt Mutter, »und deshalb hat er sie in einen tiefen Turm werfen lassen.«

»Türme sind doch hoch!« sagt Schnüpperle.
»Der war hoch und tief und finster und kalt.«
»Und schimmlig auch und große Spinnweben?«
Mutter nickt.
»Und da hat er sie reingesteckt?«
Mutter nickt.
»Hat er ihr auch nichts zu essen gegeben?«
Mutter schüttelt den Kopf.
»So'n Oller, so'n Böser. So'n Lumpenhund!« Schnüpperle erschrickt und sieht Mutter unsicher an. »Bei so einem kann man's ruhig sagen, bestimmt. Hat Vater auch schon gesagt.«
»Na«, sagt Mutter, »ich weiß nicht!«
»Wie lange war die Barbara denn im Turm?«
»Sehr lange. Aber weil sie immer weiter zum lieben Gott gebetet hat, ist eines Tages ein Engel gekommen und hat sie herausgelassen.«
»Und mit in den Himmel genommen?« fragt Schnüpperle.
Mutter nickt.
»Schön«, sagt Schnüpperle. »Und der böse Vater, hat der geweint?«
»Nein. Der liebe Gott hat einen Blitz geschickt, und der Blitz hat den Vater erschlagen.«
»Da hat er den Dreck!«
»Schnüpperle!«
»Na ja! Gehn wir jetzt Kirschzweige schneiden, Mutter?«
»Jetzt noch nicht, erst am Nachmittag, wenn Annerose da ist. Es muß auch schon dämmrig sein, weißt du.«
»Dämmrig«, sagt Schnüpperle vor sich hin, »dämm - rig.«

Schnüpperle kneift die Augen zu. »Bei mir ist es schon ganz duster, du - ster, duuu - ster, und knistern hör ich's auch, ooooh!« Schnüpperle legt sich die Hände vors Gesicht. »Mutter, ich denk jetzt an die heilige Barbara und an den schimmligen Turm mit den großen Spinnweben. Ich grusel mich nämlich so gern, wenn du bei mir bist.«

Der 5. Dezember

Vormittags

Mutter wäscht in der Küche das Frühstücksgeschirr ab. Schnüpperle ist oben im Zimmer. Was macht er bloß, denkt sie und will schon nachsehen, da hört sie ihn. Er kommt die Treppe heruntergestampft. Dann schlägt etwas gegen die Tür.
»Ich bin der Nikolaus!« ruft es mit tiefer Stimme. »Ich komme jetzt rein und verhau die Kinder, wenn sie nicht artig gewesen sind.« Die Tür geht einen Spalt auf. »Oder wohnt hier vielleicht ein braves Kind?« Vaters schwarze Pelzmütze schiebt sich durch den Türspalt, dann ein Tannenzweig, und dann geht die Tür auf, und Schnüpperle erscheint ganz. Er hat ein Kopfkissen am Zipfel gefaßt und es sich über die Schulter geworfen. Schnüpperle schnauft unter seinem schweren Nikolaussack.
Mutter hat sich schnell hinter die Tür verkrochen.
»Na«, brummt Schnüpperle, »wie steht es? Bist du immer schön brav gewesen?«
»Ich glaube«, piepst Mutter.
»Werden wir ja gleich sehen!« Schnüpperle stellt sich vor Mutter auf. »Kannst du singen?«
»Ja.«
»Singe!«
Bald nun ist Weihnachtszeit, fröhliche Zeit,

jetzt ist der Weihnachtsmann gar nicht mehr weit,
jetzt ist der Weihnachtsmann gar nicht mehr weit.
»Gut gemacht! Brav gewesen. Dein Glück! Sollst auch was Feines haben.« Schnüpperle sucht mit der Hand in dem Kopfkissenbezug herum. »Da haste was vom guten Nikolaus, und übers Jahr komm ich wieder. Aber brav bleiben, sonst gibt's was mit der Rute!« Schnüpperle hält Mutter einen kleinen Weihnachtsmann aus Schokolade hin.
»Nikolaus«, piepst Mutter, »dem fehlt aber der Kopf.«
Schnüpperle nimmt Vaters Pelzmütze ab.
»Hab ich vorhin abgebissen«, sagt er, »der war doch heute in meinem Adventskalender, und da gehört er doch eigentlich mir.«
»Ach so«, sagt Mutter. »Na, dann dank ich dir auch schön, Nikolaus.«
»Jetzt bin ich schon wieder Schnüpperle, merkst du das nicht?«
»Doch, doch.«
»Bist du froh, daß du keine Haue gekriegt hast?«
»Sehr. Hoffentlich kommst du beim richtigen Nikolaus auch so gut weg, Schnüpperle!«
»War ich nicht artig?«
»Es ging.«
»Aber du hast doch gesagt, zu uns kommt er in der Nacht und macht den Teller voll?«
»Ja, das hat er mir gesagt. Aber unter dem Fenster horchen kann er trotzdem.«
»Ich werd schon heute nichts Schlechtes sagen, wo's so drauf ankommt.«

Nachmittags

Annerose sitzt über den Schularbeiten, und Schnüpperle steht am Fenster. Er singt leise:
*Laßt uns froho uhund munter sein
und uns rehecht vohon Herzen freun!
Lustig, lustig, trallallallalla,
bald ist Nihiklahausabend da,
bald ist Nihiklahausabend da.*
Die erste Strophe, die zweite Strophe, die dritte Strophe. Endlich die letzte, denkt Annerose, als Schnüpperle zur vierten Strophe ansetzt. Aber Schnüpperle fängt wieder von vorn an.
»Hör endlich auf!« sagt Annerose. »Ich kann überhaupt nicht rechnen.«
»Und ich kann nichts dafür, es singt mich eben so.«
»Dann geh raus!«
»Geht leider nicht.«
»Warum nicht?«
»Weil der Nikolaus vielleicht ans Fenster horchen kommt.«
»Ach!« sagt Annerose.
»Mutter hat's aber gesagt! Und wenn ich sein Lied singe, freut er sich. Und ich kann dann auch nichts Schlechtes sagen, und vielleicht kann ich ihn sogar sehen.«
»Ach!« sagt Annerose.
»Möchtest du ihn auch mal sehen?«
»Ja.«
»Aber ich noch viel gerner!«

»Lieber!«
»Meinetwegen, aber gerner ist auch nichts Schlechtes, nicht?«
»Du redest Quatsch!«
»Quatsch ist bestimmt was Schlechtes.«
»Geh raus, ich will Schularbeiten machen!«
»Aber bloß, bis du fertig bist.«

Abends

Vater muß nach dem Abendessen noch einmal weggehen. Gerade heute ist das Schnüpperle gar nicht recht.
»Kommst du bald wieder?«
»Ein bißchen wird's wohl dauern«, sagt Vater.
»Fall bloß nicht über die Teller, wenn du heimkommst!«
»Ich werd schon aufpassen«, sagt Vater.
»Und schließ bloß die Haustür nicht zu, wenn du wiederkommst, sonst kann er doch nicht rein.«
»Mach ich schon nicht.«
»Und wenn du ihn siehst und er fragt dich, dann ... ich hab nichts Schlechtes gesagt, kein einziges schlechtes Wort.«
»Gut, werd ich ausrichten.«
In der Nacht wird Schnüpperle wach, weil es im Haus so rumpelt. Er setzt sich im Bett auf und bekommt einen heißen Kopf. Der Nikolaus! Jetzt kommt er! Schnüpperle hört ihn vor sich hinbrummen und ganz laut ächzen. Ob er hingefallen ist, denkt Schnüpperle, vielleicht über die Teller? Oder über seinen langen Mantel?

Schnüpperle springt aus dem Bett. An der Tür bleibt er
stehen und lauscht. Jemand rumort unten im Flur herum.
Wenn er sich vielleicht weh getan hat? Schnüpperles Herz
pumpert. Er klinkt die Tür auf.
»Nikolaus?« ruft Schnüpperle leise. »Bist du's, Nikolaus?«
Jetzt ist alles ganz still.
»Bist du hingefallen, Nikolaus?«
»Beinahe«, brummt es aus dem Flur.
»Hast du dir weh getan?«
»Ein bißchen.«
»Soll ich Mutter wecken?«
»Nein, laß sie ruhig schlafen. Und du Naseweis gehst auch
wieder ins Bett! Ich hab's nicht gern, wenn die Kinder
neugierig sind.«
»Ich wollte dir doch bloß helfen, Nikolaus.«
»Ist schon recht.«
Schnüpperle verschwindet hinter der Tür. Aber mit
einemmal hat er solche Angst, daß er zu Annerose ins
Bett kriecht.
»Annerose«, flüstert Schnüpperle, »Annerose, er ist da!
Jetzt ist er da!« Und fängt vor Aufregung an zu weinen.
Annerose wird bloß halb wach. Sie legt Schnüpperle den
Arm um den Hals und deckt ihn zu.
Am anderen Morgen will keiner glauben, daß Schnüpperle
mit dem Nikolaus gesprochen hat, Annerose nicht, Mutter
nicht, und Vater erst recht nicht. Alle sagen, Schnüpperle
hat es nur geträumt.

Der 6. Dezember

Schnüpperle hört Knirps bellen und rennt vor die Haustür.
Nebenan kommt Susanne die Treppe herunter.
»Susanne!« ruft Schnüpperle. »Heute nachmittag bratäpfeln wir, weil Nikolaustag ist. Kommst du rüber?«
Susanne bleibt stehen und schlenkert mit der Milchkanne.
»Darf Knirpsi auch mitkommen?«
»Ja. Weißt du doch.«
»Gut. Holst du mich, wenn's losgeht?« fragt Susanne.
»Ich klingel wie verrückt, da weißt du Bescheid.«
Als Mutter die Äpfel in den Bratofen legt, kommt Susanne
mit Knirps. Draußen fängt es an, dunkel zu werden.
Mutter knipst das Licht noch nicht an, aber sie stellt eine
brennende Kerze auf den Tisch.
»Jetzt ist es so richtig bratäpfelschummrig«, sagt
Schnüpperle. Er setzt sich mit Susanne dicht an den Herd.
Knirps bettelt, und Susanne nimmt ihn auf den Schoß.
»Hast du viel vom Nikolaus gekriegt?« fragt Susanne.
»Einen großen Teller voll.«
»Ich auch.«
»Bei mir war noch viel daneben gefallen«, sagt
Schnüpperle.
»Bei mir auch. Und bei mir saß mitten auf dem Teller
ein kleines Vögelchen.«
»Ein Vögelchen?« fragt Schnüpperle neugierig.
»Ja, ganz bunt, und wenn man's aufzieht, pickt es.«

»Ach, so eins«, sagt Schnüpperle. »Aber bei mir war der Nikolaus selber.«
»Bei mir doch auch«, sagt Susanne.
»Aber ich hab mit ihm gesprochen!«
»Bestimmt?« fragt Susanne.
»Bestimmt.«
»Hast du ihn auch gesehen?« fragt Susanne.
»Konnt ich doch nicht, war doch finster im Flur, bloß so was Schimmriges war da.«
»War er böse?« fragt Susanne.
»Kein bißchen.«
»Hast du dich nicht gefürchtet?«
»Kein bißchen.«
»Was hat er denn gesagt?«
»Och, alles mögliche.«
»Was denn?«
Schnüpperle denkt nach. »Ich soll wieder ins Bett gehen, hat er gesagt, damit ich mich nicht erkälte.«
»So'n guter«, sagt Susanne.
»Nicht?«
Im Bratofen fängt es an zu schmoren. Tsch-tsch macht es alle Augenblicke. Mutter zieht die Klappe auf.
»Sie platzen schon!« ruft Schnüpperle.
Knirps springt von Susannes Schoß und schnuppert am Bratofen.
»Sie riechen so gut, nicht, Knirpsi? Ich geb dir auch ein Stückchen ab.«
»Äpfel mag er nicht«, erklärt Susanne. »Aber auf Pfefferkuchen ist er ganz wild!«

»Schade«, sagt Schnüpperle, »wo Bratäpfel so gut schmecken.«
»Ich kann ein Gedicht vom Nikolaus und von Nüssen«, sagt Susanne. »Soll ich's mal sagen?«
»Ja, sag's.«
Susanne hustet und räuspert sich lange. Dann sagt sie:
»Also, es geht los. Erster Vers:
Holler, boller Rumpelsack —«
Schnüpperle kichert, und Susanne stößt ihn in die Seite.
»Ruhig, ich fang noch mal an. Also, erster Vers:
Holler, boller Rumpelsack —
Niklas trug sie huckepack,
Weihnachtsnüsse gelb und braun,
Runzlig, punzlig anzuschaun.«
Schnüpperle fängt an zu lachen.
»Lach doch nicht, sonst mach ich nicht weiter«, sagt Susanne. »So, zweiter Vers:
Knackt die Schale, springt der Kern,
Weihnachtsnüsse eß ich gern.
Komm bald wieder in dies Haus,
Guter, alter Nikolaus! — Alle.«
»Schön«, sagt Schnüpperle. »Aber holler boller und runzlig punzlig, das find ich am schönsten. Sag's noch mal.«
»Aber nicht wieder lachen!«
Schnüpperle legt sich die Hände auf den Mund.
»Die Bratäpfel sind fertig!« ruft Mutter. Jetzt knipst sie das Licht an und holt die dampfenden, duftenden Äpfel aus dem Ofen. Sie streut Zucker darüber und legt einen Löffel auf jeden Teller.

»Verbrennt euch nicht die Zunge!« sagt sie.
Susanne und Schnüpperle zappeln und pusten.
»Ooch!« sagt Susanne, »das schmeckt aber gut. Darf ich noch ein bißchen Zucker drauf haben?«
Mutter zuckert wieder. Niemand denkt an Knirps.
Plötzlich hören sie im Flur einen Bums. Dann kommt es tapp-tapp-tapp die Treppe herunter. Mutter geht nachsehen.
»Ach, du meine Güte!« sagt sie.
»Der Nikolaus!« ruft Susanne und läßt vor Schreck den Löffel fallen.
»Nein, der Schneemann!« sagt Mutter.
Schnüpperle springt auf. »Mein Schneemann!« schreit er. »Mein schöner Schneemann!«
Der Schneemann liegt auf dem Boden. Er hat keinen Kopf mehr, und Knirps leckt sich das Maul.
»Der Knirps war's! Der Knirps hat ihm den Kopf abgebissen!« Schnüpperle ist dicht vor dem Heulen. »Du bist schuld, Susanne, du hast nicht auf ihn aufgepaßt!«
»Ich kann überhaupt nichts dafür«, ruft Susanne.
»Nun zank nicht mit Susanne«, sagt Mutter, »der Knirps wollte eben auch was Gutes zum Nikolaustag. Wir hatten ihn ja auch ganz und gar vergessen. Und morgen wird ein neuer Schneemann gebacken.«
»Aber ganz genauso schön«, sagt Schnüpperle.

DER 7. DEZEMBER

Beim Frühstück sagt Vater:
»Nach dem Hundertjährigen Kalender müßte es heute schneien.«
»So? Was stand denn drin?« fragt Mutter.
»In der Nacht auf den Siebenten sehr kalt, den Tag über großer Schnee bis zum Abend.«
»Oh, das wäre fein!« ruft Annerose. »Schnee wünsche ich mir schon lange.«
»Ich auch!« ruft Schnüpperle, »da hole ich gleich meinen Schlitten raus.«
»Es schneit bloß nicht«, sagt Vater, »es regnet.«
»Möchtest du auch lieber Schnee?« fragt Annerose.
»Viel lieber«, antwortet Vater. »Das trübe Regenwetter habe ich schon lange satt. Mir wird überhaupt nicht weihnachtlich zumute.«
»Überhaupt gar nicht?« fragt Schnüpperle.

Vater schüttelt den Kopf. »Richtig weihnachtlich ist mir erst, wenn Schnee liegt und wenn's kalt ist.«
»Der Tag ist ja noch lang«, sagt Mutter. »Vielleicht behält dein Hundertjähriger Kalender doch noch recht.«
Vater nimmt Annerose im Auto mit zur Schule. Als sie fort sind, bekommt Schnüpperle seinen nachdenklichen Tag, und wenn er den hat, kann er nicht spielen. Immer wieder baut er seinen Bauernhof um. Er stellt die Schafe in den Schweinestall, und gleich darauf schimpft er mit ihnen und jagt sie wieder hinaus. Die Kühe zertrampeln die Hundehütte, und der Hofhund beißt sie dafür in die Beine. Es gibt einen schrecklichen Krach auf dem Hof, und alles nur, weil Schnüpperle nicht aufpaßt und dauernd zum Fenster hinaussehen muß, ob es etwa schon schneit, wie es im Hundertjährigen Kalender steht.
»Was machst du dort oben?« ruft Mutter. »Sei nicht so laut!«
Da läßt Schnüpperle seinen Bauernhof im Stich und geht zur Mutter.
»Ist hundert Jahre lange her?« fragt er.
»Ja, sehr lange.«
»Als du noch klein warst?«
»Nein, viel länger.«
»Als Oma noch klein war?«
»Nein, noch länger.«
»Als das Christkind in der Krippe gelegen hat?«
»Nein, so lange wieder nicht.«
Schnüpperle denkt nach. »Aber Gespenster hat's da noch gegeben, nicht?«

»Gespenster hat's nie gegeben«, sagt Mutter, »das haben sich die Leute doch bloß eingebildet.«
»Bloß eingebildet?«
»Ja.«
»Ist der hundertjährige Schnee aus dem Kalender auch bloß eingebildet?« fragt Schnüpperle.
»Nein, der nicht.«
»Warum nicht?«
»Weil es vor hundert Jahren am siebenten Dezember wirklich geschneit hat. Und einer hat es damals aufgeschrieben.«
»In ein Buch?« fragt Schnüpperle.
»Ja.«
»Von den Gespenstern, das stand aber auch in einem Buch. Du hast's uns doch selber vorgelesen.«
»Die Geschichte war aber ausgedacht.«
»Der hundertjährige Schnee nicht?«
»Nun paß mal auf«, sagt Mutter. »Wenn Vater jetzt jeden Tag aufschreiben würde, was wir für Wetter haben, dann könnten es die Leute in hundert Jahren doch noch lesen, nicht?«
»Vater geht aber jeden Tag ins Geschäft, da hat er keine Zeit dazu.«
»Vater könnte es ja abends aufschreiben«, sagt Mutter.
»Abends ist er müde, oder er liest selber.«
»Aber wenn er es trotzdem aufschreiben würde, dann könnte man es immer wieder nachlesen, auch in hundert Jahren noch. Und manche Leute glauben eben, daß alle hundert Jahre das gleiche Wetter ist.«

»Vater auch?«
»Er glaubt's vielleicht nicht, aber er möcht es gern.«
»Vater soll aber nichts aufschreiben.«
»Wird er ja nicht. Aber warum bist du denn so dagegen?«
»Weil Vater überhaupt nicht weihnachtlich zumute ist.
Wenn er den ollen Kalender nicht gelesen hätte, dann hätte
er bestimmt nicht an den Schnee gedacht, und dann wär
ihm weihnachtlich. Wir haben doch den Adventskranz und
den Pfefferkuchen und die vielen Nüsse. Alles ist so schön.
Mir rumpelt's schon morgens so weihnachtlich im Bauch
rum, wenn ich aufwache. Und Vater? Vater ist traurig.«
»Traurig wohl nicht gerade«, sagt Mutter, »aber es fehlt
ihm halt was.«
»Am liebsten möchte ich den ollen Hundertjährigen
Kalender kaputtreißen!«
»Ich weiß was Besseres«, sagt Mutter. »Du malst für Vater
ein schönes Bild mit viel Schnee darauf.«
»Ob ihm dann weihnachtlich wird?« fragt Schnüpperle.
Er denkt nach. »O ja, das mach ich!«

Der 8. Dezember

»Jetzt wird es aber höchste Zeit für eure Wunschzettel«, sagt Mutter zu Annerose und Schnüpperle. »Gestern abend hat das Christkind schon angeklopft und gefragt, ob sie fertig sind.«
»Es war schon da?« ruft Schnüpperle. »Wirklich? Bestimmt?«
Mutter nickt.
»Ich hab's aber gar nicht klopfen hören«, sagt Schnüpperle.
»Denkst du, es poltert so rum wie du?« fragt Annerose.
»Das Christkind kommt immer erst, wenn ihr schlaft«, antwortet Mutter.
»Kommt's noch mal wieder?« fragt Annerose.
»Ja«, sagt Mutter, »vielleicht heute schon.«
»Oh, da müssen wir uns aber beeilen. Dreimal kommt's bestimmt nicht«, sagt Annerose. »Gibst du mir einen Bogen von deinem guten Briefpapier, Mutter?«
»Mir auch?« bettelt Schnüpperle.
»Du kannst ja noch gar nicht schreiben!« sagt Annerose.
»Doch!« sagt Schnüpperle. »Bloß noch nicht so richtig. Aber wenn du den Stift mit anfaßt, kann man's auch schon lesen.«
»Den Wunschzettel muß jeder ganz allein schreiben«, sagt Annerose.
»Die noch nicht schreiben können nicht, bestimmt nicht!«
»Doch!«

»Das Christkind braucht es ja nicht zu wissen. Wir ziehen eben die Vorhänge zu. Mutter wird schon nichts verraten.«
»Willst du schummeln? Beim Christkind? Zu Weihnachten?«
»Will ich nicht.« Aber Schnüpperle ist doch verlegen. »Du sollst bei mir bloß die Überschrift schreiben und unten Schnüpperle, damit mein Wunschzettel auch nicht verwechselt wird.«
»Wenn du Schnüpperle hilfst«, sagt Mutter zu Annerose, »wird sich das Christkind besonders freuen.«
»Siehste!«
»Aber Schnüpperle kann ebensogut alles, was er sich wünscht, aufmalen, und ich schreib seinen Namen selber drauf«, sagt Mutter und gibt jedem einen Bogen Briefpapier.
Nun ist Annerose verlegen. Sie möchte es aber gleich wiedergutmachen.
»Komm«, sagt sie zu Schnüpperle, »ich schreib für dich zuerst. Was soll denn drüber?«
»Was schreibst du denn bei dir?«
Annerose überlegt. »Ich schreibe: Liebes Christkind! Oder warte mal. Ist ›An das liebe Christkind‹ besser?«
Schnüpperle stützt den Kopf in die Hand. »Das mit ›an‹, das find ich sehr schön.«
»An das ›liebe‹ Christkind oder an das ›gute‹ Christkind?« fragt Annerose.
»An das ›liebe‹, Annerose. Ich bin für ›an das liebe‹. Das paßt besser zu Christkind und hört sich auch schon ein bißchen nach Himmel an.«

»Also«, sagt Annerose und schreibt:
An das liebe Christkind!
»So, jetzt kannst du malen.«
»Schreibst du bei dir dasselbe drüber?«
»Ja.«
An das liebe Christkind!
Ich wünsche mir für meine große Puppe Tina ein Himmelbett. Der Stoff dran, wenn es geht, rosa oder grün. Blau bitte nicht, wenn es geht, weil Tina ein Mädchen ist.
Das ist Anneroses größter Wunsch. Sie verschnauft.
»Was malst du denn da für Ostereier, und so viele?«
»Sind doch alles Lutscher«, sagt Schnüpperle, »bloß die Stengel fehlen noch. Ich wünsche mir ganz viele Lutscher. Ich hab sie zuerst genommen, weil es nicht gleich so unverschämt aussieht, und einmalen muß ich mich auch erst.«
Für Tina, schreibt Annerose weiter, *wünsche ich mir noch ein Taufkleid in Rosa oder Grün, wenn es geht, und aus Seide, und für mich einen Schirm und eine Handtasche, passend zusammen. Und drei Bücher, Mutter weiß, wie sie heißen. Und wenn es nicht zuviel ist, wünsche ich mir noch ein Paar neue Schlittschuhe, weil meine alten schon zu klein geworden sind.*
»Was soll denn das sein?« Annerose sieht auf Schnüpperles Bogen. »Ein Pferd? Wünschst du dir ein Pferd?«
»Nein, das ist ein Hund.«
»Aus Stoff?«
»Nein, ein richtiger.«
»Du wünschst dir einen richtigen Hund?«

Schnüpperle nickt und wird rot. »Schon ganz lange«, sagt er leise. »Bloß Vater hat immer gesagt, ein Hund wäre zu teuer, und jetzt wünsche ich ihn mir eben vom Christkind, da kostet er ja nichts.«
»Ob das Christkind denn Hunde hat?« fragt Annerose.
»Na klar! Susanne hat doch Knirpsi auch vom Christkind bekommen.«
»Und wenn er dir auch den Schneemann frißt?«
»Meiner nicht. Auf den paß ich auf!«
»Ich weiß nicht«, sagt Annerose, »ein Ersatzgeschenk würde ich doch aufmalen.«
»Aber ich will kein Ersatzgeschenk«, sagt Schnüpperle, »bloß'n Hund und viele Lutscher. Und jetzt schreib drunter: *Es grüßt Dich Dein Schnüpperle.*«

Der 9. Dezember

»Hat das Christkind die Wunschzettel gestern abend abgeholt?« fragt Schnüpperle.
»Nein, es ist nicht dagewesen«, antwortet Mutter, »es hat keine Zeit gehabt.«
»Oder das Wetter war ihm zu schlecht«, sagt Schnüpperle.
»Es hat doch so geregnet. Ich hab's genau gehört.«
»Schon möglich«, antwortet Mutter.
»Das Christkind hat ein weißes feines Kleid an, nicht?«
Mutter nickt.
»Das wollte es sich bestimmt nicht naßregnen lassen.«
»Kann schon sein.«
»Und womöglich hätte es sich dann erkältet!«
Mutter sagt nichts darauf.
»Wie sieht denn das Christkind aus?« fragt Schnüpperle.
»Wunderschön«, sagt Mutter.
»Es hat goldene Haare, nicht? Und goldene Schuhe?«
»Die Schuhe habe ich noch nicht gesehen.«
»Weil sein Kleid so lang ist, nicht? Und über seinem Kopf ist immer so ein schimmriger Ring, nicht? Die Engel sind auch vom lieben Gott geschickt, nicht?«
»Ja, die auch.«
»Und die haben auch so schimmrige Ringe über dem Kopf, nicht?«
»Ja, die auch.«

»Lacht das Christkind immer ein bißchen?«
»Ja«, sagt Mutter, »es hat ein ganz freundliches Gesicht.«
Schnüpperle nickt zufrieden. »Und eine feine leise Stimme, nicht?«
»Ja.«
»Und schlechte Wörter hat es noch nie gesagt, noch nie, nicht?«
»Das Christkind kennt überhaupt keine schlechten Wörter«, sagt Mutter.
»Aber manchmal wird's doch schlechte Wörter hören, wenn's an den Fenstern horcht. Da kennt's doch welche.«
»Die tun ihm sehr weh, und deshalb vergißt es sie gleich wieder.«
»Richtig weh? Wie zwicken?«
»Ja.«
»Aber so schnell vergißt das Christkind die schlechten Wörter auch nicht, Mutter. Ein anderes Mal, als es gekommen ist, früher, da hat es noch gewußt, daß ich mal – du weißt schon, was ich mal gesagt habe.«
»Das Christkind sagt die schlechten Wörter dem Knecht Ruprecht, und der schreibt alles auf.«
»Ach, deshalb«, sagt Schnüpperle. »Ist der Knecht Ruprecht immer dabei, wenn das Christkind kommt?«
»Ja, der ist immer dabei.«
»Weil er den Schlitten kutschieren muß, nicht?«
Mutter nickt.
»Aber wenn gar kein Schnee liegt? Kommen sie dann im Auto?«
»Nein«, sagt Mutter, »dann müssen sie von Haus zu Haus

laufen. Aber mit dem Schlitten fahren sie jeden Abend über die Wolken auf die Erde hinunter.«
»Ooch, wenn ich das bloß mal sehen könnte! Wenn ich bloß mal das Christkind sehen könnte!«
Den ganzen Tag über kommt Schnüpperle nicht davon los. Am Abend, als Mutter längst gute Nacht gesagt hat, liegt Schnüpperle mit offenen Augen im Bett.
»Schläfst du schon, Annerose?« flüstert er.
»Nein, du?«
»Noch kein bißchen. Ich kann heut überhaupt nicht einschlafen, weil heut das Christkind kommt.«
»Ich deshalb auch nicht.«
»Wollen wir den Vorhang aufziehen?«
»Ja. Leise, leise«, sagt Annerose, »man weiß doch nicht, ob's schon im Garten ist.«
Vorsichtig schieben sie den Vorhang zurück. Jeder nimmt eine Seite. »Siehst du was, Annerose?«
»Nein, laß mich mal gucken.«
Abwechselnd recken sie die Köpfe hoch. »Wir müssen warten«, sagt Annerose.
»Siehst du Wolken, Annerose?«
»Überhaupt keine einzige, nur Sterne.«
»Dann kommt's heute nicht. Kann's ja gar nicht.«
»Doch«, sagt Annerose. »An einer anderen Stelle sind bestimmt Wolken, und da kommt's runter.«
»Hat Mutter das gesagt?«
»Ja. Du, ich weiß was«, sagt Annerose. »Ich paß inzwischen auf, ob ich eine Sternschnuppe vom Himmel fallen sehe.«

»Und dann?«
»Dann wünsch ich mir schnell was, und das geht bestimmt in Erfüllung.«
»Immer?«
»Ja, das weißt du doch.«
»Hast du damals bestimmt eine Sternschnuppe gesehen?«
»Ja. Und Vater auch, und Mutter auch. Alle dieselbe Sternschnuppe, und alle haben wir uns ein Brüderchen gewünscht, alle zu gleicher Zeit. Da mußte es ja in Erfüllung gehen.«
»Und dann?«
»Dann haben wir dich gekriegt. Und als du im Bettchen gelegen hast, hat Mutter gesagt: ›Sieh mal, Annerose, da ist unsere Sternschnuppe.‹ Und Vater hat gesagt: ›Na, ich finde, es ist eher ein Sternschnüpperle.‹ Und da hab ich so lachen müssen.«
»Deshalb heiß ich Schnüpperle, nicht?«
»Du weißt doch, wie du richtig heißt. Aber mir hat

Schnüpperle eben so gut gefallen und Vater auch und Mutter auch, und deshalb sagen wir so zu dir.«
»Kommst du mit in mein Bett, Annerose, und erzählst du's mir noch mal ganz von vorne?«
»Und das Christkind?«
»Wir werden's schon hören, wenn's kommt, und man soll ja auch nicht neugierig sein, das weißt du doch.«

DER 10. DEZEMBER

Vater reißt die Tür zum Kinderzimmer auf.
»Annerose! Schnüpperle! Raus aus den Betten, es schneit!«
»Was ist?« Annerose taucht verschlafen aus den Kissen hervor.
»Es schneit?« fragt Schnüpperle. »Bestimmt? Führst du uns auch nicht an?«
»Ihr braucht nur aus dem Fenster zu sehen, bitte sehr!«
»Ooch«, sagt Schnüpperle, »ooch, so große Flocken! Und wie sie kreiseln, guck doch mal, Annerose.«
»Schön«, sagt Annerose. »Genauso sollen wir tanzen bei unserem Schneeflockenreigen.«
»Ich muß gleich meinen Schlitten holen«, sagt Schnüpperle und rennt im Schlafanzug auf den Boden. Er schleift den Schlitten über die Dielen, und an der Treppe ruft er:
»Bahn frei!« Der Schlitten kommt angesaust.
»Ich geh jetzt raus«, sagt Schnüpperle.

»Im Schlafanzug?« fragt Mutter.
»Hilfst du mir beim Anziehen? Wenn's schnell gehen muß, dauert's bei mir immer so furchtbar lange.«
»Und ich muß in die Schule!« sagt Annerose. »Ausgerechnet heute.«
»Vielleicht bekommt ihr schneefrei«, sagt Schnüpperle.
»Schneefrei? So was gibt's nicht.«
»Aber früher habt ihr mal hitzefrei gehabt.«
»Das ist doch was anderes. Wenn's so heiß ist, kann man nicht gut aufpassen.«
»Wenn's so schön schneit, kann man auch nicht gut aufpassen«, sagt Schnüpperle.
»Das glaub ich bestimmt«, sagt Vater. »Aber ich muß ja auch ins Geschäft – ausgerechnet heute. Und warum?«
Vater sieht Schnüpperle an und zwinkert mit einem Auge.
»Das hab ich aber bloß früher gesagt, als ich noch klein war.«
»Sag's doch noch mal«, bettelt Vater. »Warum muß ich ins Geschäft gehen?«
»Damit das kleine Nüpperle immer dicke Butternitten essen kann.«
»Ja«, sagt Vater und kitzelt Schnüpperle.
»Nicht, Vater, nicht, ich hab heut keine Zeit für so was!«
Schnüpperle begleitet Annerose und Vater mit dem Schlitten zur Garage. Es ist noch dunkel. Kein Kind ist draußen, außer denen, die zur Schule müssen. Schnüpperle geht wieder ins Haus. Er horcht, ob nicht endlich etwas von Susanne und Knirps zu hören ist.
»Sie schlafen noch«, sagt Mutter.

»Ob ich mal klingeln geh?«
Mutter ist dagegen.
Da bellt Knirps, und schon ist Schnüpperle draußen.
Susanne hat auch ihren Schlitten mitgebracht. Sie gehen
in den Garten und wissen vor Freude nicht, was sie zuerst
machen sollen. Schlitten fahren oder lieber mit Schneebällen werfen oder lieber einen Schneemann bauen?
»Ich bin für Schlittenfahren«, sagt Schnüpperle.
Es rutscht zwar noch nicht gut, aber das macht ihnen
nichts aus.
»Ich fahr jetzt mal Bauchklatsche«, sagt Schnüpperle. Er
legt sich lang auf den Schlitten und stößt sich mit den
Händen ab. »Doll«, sagt er, »mach ich gleich noch mal.«
Dann setzt er sich verkehrt drauf, verschränkt die Arme
und stößt sich mit den Füßen ab.
Susanne paßt nicht auf, die Schlitten stoßen zusammen
und kippen um. Schnüpperle und Susanne liegen im
Schnee. »Du siehst wie ein Schneemann aus«, sagt
Susanne, als sie aufsteht.
»Du auch!«
»Ich bin doch 'n Mädchen«, sagt Susanne.
»Oh, ich weiß was!« ruft Schnüpperle. »Ich baue einen
Schneemann und du eine Schneefrau. Wollen wir?«
»Ja, los!«
»Bauen wir auch Schneekinder?«
»O ja, und einen Schneehund!«
Jetzt haben sie zu tun. Sie wälzen eine Schneekugel nach
der anderen zusammen. Sie rollen und rennen, daß ihnen
die Wollmützen zu warm werden.

»Aber man kann doch gar nicht sehen, daß mein Schneemann eine Frau ist«, sagt Susanne.
Schnüpperle überlegt.
»Ich weiß, ich frag Mutter, ob ich für meinen Schneemann einen Hut kriegen kann und für deinen ein Kopftuch.«
Mutter erlaubt ihnen, Vaters Gartenstrohhut zu nehmen und schneidet dann aus einem alten Kleid ein Kopftuch zurecht.
»Und jetzt das Schneekind!« sagt Schnüpperle.
Nach einer Weile geht er wieder zur Mutter. »Wir brauchen noch eine Schleife.«
»Eine Schleife?«
»Ja, wir haben Annerose fertig.«
»Ja, und?«
»Na, Annerose hat doch eine Schleife in ihrem Pferdeschwanz.«
Mutter sorgt auch noch für die Schleife.
»Willst du mal sehen, wie hübsch du geworden bist?«
Schnüpperle zieht Mutter gleich mit sich in den Garten und zeigt auf die drei Schneeleute.
»Der mit dem Hut, das ist Vater, und der mit dem Kopftuch, das bist du, und die niedliche Kleine, das ist dein Kind Annerose. Findest du dich schön?«
»Sehr schön«, sagt Mutter. »Wir sind zwar alle ein bißchen klein geraten, aber sonst habt ihr das sehr schön gemacht.«
In diesem Augenblick kommt Annerose aus der Schule. Sie klettert gleich über den Zaun und kann überhaupt nicht wieder aufhören zu lachen.

»Das soll ich sein?« sagt sie, als Schnüpperle ihr alles erklärt hat. »Ich? Ich hab ja 'n richtigen Eierkopp!«
»Die Schleife fehlt noch. Wenn du die Schleife drumbindest, nicht mehr. Dann siehst du dir richtig ähnlich.«
»Bei dir piept's!« sagt Annerose. Aber Schnüpperle hört es nicht.
»Mutter! Mutter!« ruft er aufgeregt. »Ich hab ja noch gar nicht dran gedacht: Jetzt ist Vater endlich weihnachtlich zumute!«

Der 11. Dezember

An jedem Vormittag geht Schnüpperle mit Mutter in den Garten zum Vogelhaus und streut Körner hinein. Schnüpperle könnte auch allein gehen, wenn er ein Stück größer wäre. Aber Vater hat das Vogelhaus auf einen abgesägten Birkenstamm genagelt, ziemlich hoch, wegen der Katze aus der Nachbarschaft. Deshalb reicht Schnüpperle nicht hinauf, und Mutter muß immer mitgehen und Schnüpperle hochheben. Aber den großen Beutel mit dem Vogelfutter, den trägt Schnüpperle. Wenn der Beutel frisch gefüllt ist, hat Schnüpperle ordentlich zu schleppen. Am Nachmittag streut Annerose noch einmal Futter ins Vogelhaus. Heute vergißt sie es, und Schnüpperle wird richtig böse.
»Morgen, wenn du aus der Schule kommst, kriegst du nichts zu essen!« sagt Schnüpperle. »Da wirst du schon sehen, wie das ist. Da wirst du die Vögel schon nicht wieder vergessen.«
»Hast du's noch nie vergessen?«
»Noch nie! Weil ich immer so Hunger habe, wenn ich an der frischen Luft bin. Und die Vögel sind immer an der frischen Luft!«
»Ich bin aber nachmittags nicht an der frischen Luft«, sagt Annerose, »weil ich Schularbeiten machen muß. Da kann man's eben mal vergessen.«
»Darf man aber nicht!«

»Ach, du willst zanken!« sagt Annerose.
»Will ich nicht. Sie tun mir aber so leid.«
»Mir auch.«
»Wenn sie dir auch leid tun, Annerose, dann kannst du's mir ja immer sagen, wenn du's vergißt. Da geh ich nachmittags noch mal füttern.«
Seit Schnee liegt, streut Schnüpperle besonders viel Körner ins Vogelhaus. Mutter hat gesagt, nun finden die Vögel draußen überhaupt nichts mehr, jetzt brauchen sie uns doppelt.
»Merken die Vögel auch, daß bald Weihnachten ist?« fragt Schnüpperle.
Mutter schüttelt den Kopf. »Nur daß es Winter ist, das merken sie.«
»Aber ich möchte gerne, daß sie's auch merken.«
Schnüpperle läßt sich alles mögliche durch den Kopf gehen.
»Wenn wir den Adventskranz anzünden, könnten wir da

nicht die Vorhänge offenlassen? Dann sehen sie's
doch.«
»So nahe kommen sie ja gar nicht ans Fenster.«
Das geht also nicht.
»Ob wir ihnen ein schönes rotes Licht auf das Vogelhaus
stellen und jeden Abend anzünden?«
»Abends sind die Vögel doch in ihren Nestern«, sagt
Mutter.
Das geht also auch nicht.
»Aber ich möchte so gerne, daß es die Vögel merken«,
sagt Schnüpperle. »Was mach ich bloß? – Oh, ich weiß was!
Ich leg ihnen jeden Tag etwas Weihnachtliches von mir mit
ins Vogelhaus. Heute habe ich so kleine Schokoladen-
täfelchen im Adventskalender gehabt. Da leg ich eins
rein.«
»Na, ich weiß nicht«, sagt Mutter, »ob sie das mögen?«
»Aber Nüsse mögen sie! Ich kann ihnen ja auch Nüsse
reinlegen. Knackst du mir welche? Ach nein, kann ich
selber. Ich tret sie mit dem Schuh kaputt.«
»Aber Nüsse sind doch schon im Vogelfutter«, sagt
Mutter.
»Walnüsse und Haselnüsse?«
»Nein, Erdnüsse.«
»Es müssen Weihnachtsnüsse sein«, sagt Schnüpperle,
»Erdnüsse sind keine, weil sie die immer dabeihaben.«
»Gut«, sagt Mutter, »dann knacken wir ein paar Nüsse.«
Als sie vom Vogelhaus zurückkommen, rückt sich
Schnüpperle einen Stuhl ans Fenster, klettert darauf und
wartet auf die Vögel.

»Mutter, Mutter, komm doch mal schnell!«
Mutter kommt angerannt, weil Schnüpperle gar so aufgeregt nach ihr ruft.
»Guck mal, da sitzt so ein Dicker mit einem roten Bauch, den hab ich noch nie gesehen!«
»Das ist ja wahrhaftig ein Dompfaff«, sagt Mutter. »Siehst du, jetzt kommen auch die Vögel aus dem Wald zu uns.«
»Wie heißt der Vogel, Mutter?«
»Dompfaff. Man kann auch Gimpel sagen. Im Brehm heißt er, glaub ich, Gimpel.«
»Warum heißt er in Bremen Gimpel? Mir gefällt das andere besser als in Bremen.«
»Wieso denn in Bremen?« fragt Mutter.
»Na, du hast doch gesagt, die Leute, wo Oma wohnt, sagen Gimpel.«
»Doch nicht wo Oma wohnt!«
»Aber Oma wohnt doch in Bremen.«
»Ja, aber ich hab Brehm gesagt.«
»Ich auch.«
Mutter lacht. »Nein, du hast Bre - men gesagt und ich bloß Brehm. Weißt du, Brehm hat nämlich ein Mann geheißen, der viele Bücher über Tiere geschrieben hat.«
»Und der sagt zu dem schönen Vogel bloß Gimpel?«
»Ich glaube; wir können aber gleich mal nachsehen.«
»Nein, nicht nachsehen, ich will's gar nicht wissen. Wie heißt er richtig, Mutter?«
»Dompfaff.«
»Ich sag Dompfaff. Wenn er bloß nicht gleich wieder

wegfliegt. Wenn er doch endlich ins Vogelhaus hüpfen würde!«

»Er kennt es nicht«, sagt Mutter. »Er bleibt immer noch auf der Birke sitzen.«

»Aber wenn er erst drin ist und die Weihnachtsnüsse findet, da wird er sich aber freuen!«

»Die anderen Vögel freuen sich auch. Sieh doch nur, wie sie picken.«

»Mutter! Mutter! Jetzt ist er reingeflogen!« Schnüpperle hat nur Augen für den Dompfaff. »Ich weiß was. Ich heb ihm heute mittag ein Stück von meiner Bratwurst auf. Da kommt er bestimmt wieder!«

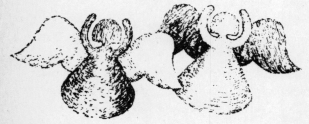

Der 12. Dezember

Annerose hat sich für heute nachmittag mit Katrin
verabredet. Katrin ist Anneroses beste Freundin. Sie
wollen basteln.
»Zu zweit macht es viel mehr Spaß!« sagt Annerose.
»Und ich?« fragt Schnüpperle.
»Du kannst doch noch nicht basteln.«
»Kann ich doch!« sagt Schnüpperle.
»Hach!« sagt Annerose. »Was kannst du denn?«
»Ich kann aus Knöte schon so viel. Kullerkugeln und
Puppenbrötchen und Puppenbrot und so.«
»Erstens heißt es Knete, und zweitens ist das alles nichts
für Weihnachten.«
»Bastelt ihr nur für Weihnachten?«
»Nur.«
»Ooch, Annerose, da möcht ich so gern mitbasteln.«
»Wir werden ja sehen«, sagt Annerose.
Um drei kommt Katrin. Mutter zieht ihnen die Tischplatte
im Kinderzimmer aus, damit sie genug Platz haben. Dann
kann's losgehen.
Katrin hat ein Blatt von ihrem Bastelkalender mitgebracht
und Glanzpapier und Metallpapier in herrlichen Farben.
»Sieh mal hier, Annerose«, sagt sie, »den süßen kleinen
Engel möcht ich so gern basteln. Man kann ihn auf den
Kaffeetisch stellen als Tischschmuck.«
»Zeig mal her«, sagt Annerose. »Ach, der ist ja süß! O ja,

als Tischschmuck hinter jede Tasse und für jeden in einer anderen Farbe. Und wie wird's gemacht?«
»Wir müssen ihn hier von dem Blatt abzeichnen«, sagt Katrin. »Ich hab bloß kein Seidenpapier mitgebracht.«
»Schnüpperle!« ruft Annerose. »Geh mal zu Mutter und laß dir zwei Bogen Seidenpapier geben.«
Schnüpperle geht los und kommt mit Seidenpapier wieder. Katrin legt das Seidenpapier auf die Vorlage und fängt an, die Linien nachzuziehen.
»Oh, jetzt ist es mir verrutscht«, sagt Katrin, »aber ich hab ja noch genug Platz. Ich fang noch mal an. Wenn man's mit Stecknadeln zusammenstecken könnte, würde es nicht so leicht verrutschen.«
»Schnüpperle!« sagt Annerose. »Hol mal aus Mutters Nähkasten die Stecknadeldose.«
Schnüpperle rennt die Treppe hinunter und kommt mit den Stecknadeln wieder.
»Danke!« sagt Katrin und steckt die beiden Blätter zusammen. Jetzt kann sie ganz sauber die Linien nachziehen. Dann ist Annerose dran.
»Aaach! Jetzt ist mir die Spitze vom Bleistift abgebrochen. Schnüpperle, gib mir mal den Spitzer!«
Schnüpperle sucht den Spitzer.
Endlich hat Annerose den Engel auch abgezeichnet. Nun stecken sie das Seidenpapier mit dem glänzenden Metallpapier zusammen und ziehen alle Linien mit dem Stift noch einmal nach. So steht es auf dem Bastelblatt, und ordentlich aufdrücken müssen sie auch, sonst sind die Linien auf dem Metallpapier nicht zu erkennen.

»Sieht überhaupt nicht nach Engel aus«, sagt Schnüpperle.
»Davon verstehst du nichts«, sagt Annerose.
»Du mußt abwarten«, sagt Katrin.
»Ich möchte aber auch was basteln!«
»Nachher vielleicht«, vertröstet ihn Annerose. »Jetzt hab ich keine Zeit. Jetzt müssen wir nämlich ausschneiden. Kannst mir mal aus Mutters Nähkasten die kleine Schere holen!«
Schnüpperle läuft wieder die Treppe hinunter und kommt mit der Schere zurück.
»Schnüpperle, leg mal das Blatt aus dem Bastelkalender beiseite!«
»Kann ich euch jetzt beim Ausschneiden zusehen?« fragt Schnüpperle.
»Aber nicht anstoßen!«
Schnüpperle sitzt da wie ein hölzernes Männlein und wagt kaum, Luft zu holen. Es dauert sehr lange, denn die feinen eingedrückten Linien sind nicht gut zu erkennen.
»Fertig!« ruft Katrin.
»Ich auch gleich«, sagt Annerose.
»Schnüpperle, wo ist das Bastelblatt?«
Schnüpperle gibt Katrin das Bastelblatt. Jetzt liest Katrin vor:
»Zuletzt werden die beiden kurzen Einschnitte ausgeführt, links innen am Rock und rechts außen am Rock. Danach steckt man die Einschnitte ineinander, und der Engel ist fertig. Viel Spaß dabei! – Also erst die Einschnitte«, sagt Katrin. »Das ist der erste, und jetzt kommt der zweite, und nun ineinanderstecken.«

Der Engel ist fertig!
»Ooch, ist der aber niedlich!« sagt Schnüpperle. »Der hat ja goldene Flügel zu seinem roten Kleidchen. Ooch, das paßt aber gut zusammen. Und wie er seine Arme hebt! Mach schnell, Annerose, ich will unseren gleich Mutter zeigen.«
Anneroses Engel hat rote Flügel zu einem goldenen Kleid. Schnüpperle setzt ihn sich auf den Finger und geht sachte die Treppe hinunter.
Mutter kommt mit herauf und bringt zur Belohnung einen Teller voll Pfefferkuchen und Plätzchen mit.
»Und was kann ich basteln?« fragt Schnüpperle.
Mutter nimmt einen Bogen Glanzpapier und zerschneidet ihn in lauter schmale Streifen. »Du klebst eine schöne lange Kette. Gib mir mal die Klebetube!«
Schnüpperle holt die Klebetube.
»Paß auf! Jeder Streifen bekommt am Ende einen Tupfen Klebe, und dann drückst du das andere Ende drauf.«
»Jetzt ist es ja ein Ring«, sagt Schnüpperle.
»Ja, und nun legst du den nächsten Streifen in den Ring, wieder einen Tupfen Klebe aufs Ende und das andere Ende draufdrücken und immer so weiter.«
»Wird das auch Tischschmuck hinter jede Tasse?«
»Nein, die Kette hängen wir an den Weihnachtsbaum«, sagt Mutter.
»O ja, das wird fein!« Schnüpperle geht mit Eifer ans Tupfen und Draufdrücken. »Annerose, Katrin, seht mal, jetzt hab ich schon so viele Ringe! Für Vater, für Mutter, für Annerose, für mich.« Auf diese Weise zählt Schnüp-

perle. »Schon sooo lang!« Er geht die Treppe hinunter und kommt wieder, setzt sich und bastelt weiter.
»Wo ist denn bloß meine Klebetube?«
»Weiß ich nicht«, sagt Annerose.
»Vielleicht hast du sie unten bei deiner Mutter liegenlassen«, sagt Katrin.
Schnüpperle will aufstehen – und läßt sich gleich wieder auf den Stuhl zurückfallen.
»Annerose!« sagt er erschrocken, »Mutter muß kommen! Ich – ich weiß jetzt, wo die Klebetube ist. Ich sitze nämlich drauf.«

Der 13. Dezember

»Wir müssen heute unbedingt Pakete packen«, sagt Mutter, »sonst sind sie zu Weihnachten nicht an Ort und Stelle.«
»Wo ist Ort und Stelle?« fragt Schnüpperle.
»Das ist bei Tante Lore und Onkel Heinz und bei Oma und Opa.«
»Die wohnen doch nicht in Ort und Stelle«, sagt Schnüpperle.
»Nein, aber man sagt eben so.«
»Darf ich helfen?« fragt Schnüpperle.
»Aber tüchtig.«
»O fein!«
»Jetzt gehen wir erst in den Keller«, sagt Mutter, »und suchen Kartons heraus.« Schnüpperle darf den kleineren tragen, den großen nimmt Mutter.
»Erst packen wir das Paket für Tante Lore«, sagt Mutter. »Du darfst das Weihnachtspapier aussuchen.«
Schnüpperle blättert und blättert. Sechs Bogen Weihnachtspapier sind es, einer immer schöner als der andere.
»Wir nehmen den mit dem Knecht Ruprecht«, sagt Schnüpperle endlich, »weil der Knecht Ruprecht bestimmt auch zu Tante Lores kleinem Butzemann kommt. Packst du für den Butzemann auch was ins Paket?«
»Ja«, sagt Mutter. »Der Butzemann bekommt einen Teddy.«

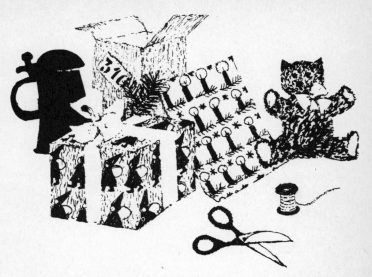

»Och, ist der schön hundmollig!« sagt Schnüpperle und drückt den Teddy an sein Gesicht, »den möcht ich am liebsten selber behalten.«
»Du hast doch einen.«
»Schon, aber den könnte ich auch noch gut gebrauchen. Der hier könnte Dickis Bruder sein.«
»Und der kleine Butzemann soll gar nichts bekommen?« fragt Mutter.
»Doch, ich verzichte ja schon«, sagt Schnüpperle. »Freut sich das Christkind, wenn man verzichtet und abgibt?«
»Ja, da freut sich's.«
»Aber ich kann den Teddy noch behalten, bis du alles eingepackt hast, nicht?«
Mutter ist einverstanden. Sie wickelt die Geschenke für

Tante Lore und Onkel Heinz in Weihnachtspapier und verschnürt sie mit Silberband. Schnüpperle muß immer den Finger auf den Knoten halten, wenn Mutter die Schleife bindet. Auch der Teddy bekommt eine Silberschleife um den Hals.

»Laß ihn noch mal brummen«, bettelt Schnüpperle, »noch ein einziges Mal.«

Mutter läßt ihn brummen. Dann packt sie ihn in Weihnachtspapier. »Mach's gut, alter Freund, und sei schön brav!« sagt Schnüpperle.

»Also, Reden hast du!« sagt Mutter.

»Vater sagt das zu mir auch immer, wenn er fortgeht«, antwortet Schnüpperle. »Kann den Teddy auch nichts drücken?«

»Ach, woher!«

»Ob er sich fürchtet in dem dunklen Paket?«

»Der fürchtet sich schon nicht«, sagt Mutter.

»Kriegt er auch genug Luft?«

»Aber ja.«

»Könntest du nicht lieber doch ein paar Löcher reinstechen mit der Schere, so wie Annerose bei dem Maikäfer?«

»Lieber nicht«, sagt Mutter, »womöglich steche ich dem Teddy in die Beine. Er bekommt schon genug Luft.«

»Aber freuen wird er sich doch, wenn er ausgepackt wird, glaubst du?«

»Ja. Aber was meinst du, wie sich erst der Butzemann freut, wenn der Teddy ausgepackt wird!«

»Ob ihn der Butzemann jeden Abend mit ins Bett nimmt, wie ich den Dicki?«

»Ganz bestimmt.«
»Na ja, dann soll er ihn haben«, sagt Schnüpperle.
Für das Paket an Oma und Opa sucht Schnüpperle aus dem Weihnachtspapier einen Bogen mit Lichtern heraus.
»Jetzt brauchen wir sehr viel Holzwolle«, sagt Mutter, »damit das Bierseidel nicht zerbricht.«
»Ist das Bierseidel für Oma oder für Opa?«
»Aber Schnüpperle! Das kann doch nur für Opa sein!«
»Hab ich gleich gewußt«, sagt Schnüpperle, »weil Opa so gern Bier trinkt. Und Oma sagt dann manchmal: ›Du Gluckerfritze!‹ zu Opa. Aber sie lacht ein bißchen dabei, ich hab's genau gesehen, und da ist es ja nicht böse gemeint, nicht? Und ein schlechtes Wort ist es bestimmt auch nicht, denn Oma kennt überhaupt keine schlechten Wörter, genau wie das Christkind. Was kriegt denn Oma zu Weihnachten?«
»Oma bekommt ein Bettjäckchen«, sagt Mutter.
»Wozu braucht Oma so was?«
»Oma liest immer so gern im Bett, da wird ihr manchmal kalt.«
»Und wenn ihr kalt wird, dann wird sie krank«, sagt Schnüpperle, »nein, das möcht ich nicht.«
»Siehst du, deshalb bekommt sie das Bettjäckchen.«
»Macht Oma das Paket erst auf, wenn Weihnachten ist?«
»Ja, erst am Heiligen Abend.«
»Bis zum Heiligen Abend hat sie kein Bettjäckchen?«
Mutter schüttelt den Kopf.
»Kannst du Oma nicht schreiben, sie soll es so machen wie Annerose, bis sie das Paket aufmachen darf?«

»Wie macht es denn Annerose?« fragt Mutter.
»Annerose hält das Buch immer bloß mit einer Hand, wenn sie mir vorliest. Die andere wärmt sie inzwischen unter der Decke, die mummelt sie ganz dick ein, und dann wechselt sie ab.«
»Das hätten wir Oma aber schon längst schreiben müssen«, sagt Mutter.
»Ich hab ja auch nicht dran gedacht«, sagt Schnüpperle.
»Aber schreib's bloß noch schnell. Oma soll doch zu Weihnachten nicht krank sein.«

Der 14. Dezember

Vater hat Annerose und Schnüpperle einen Ausflug in den
Wald versprochen. Er kommt heute schon mittags nach
Hause und bringt Annerose von der Schule mit. Es gibt
gebratene Leber mit Äpfeln, Zwiebeln und Kartoffelbrei.
Das ist Schnüpperles Leibgericht. Aber heute hat Schnüpperle überhaupt keine Ruhe zum Essen. Am liebsten
würde er sich in Mantel und Mütze an den Tisch setzen,
damit es nachher gleich losgehen kann. Vater sagt:
»Immer mit der Ruhe, und dann mit'm Ruck.«
»Ist das ein Gedicht?« fragt Schnüpperle.
»Nein«, sagt Vater, »das ist bloß so ein Spruch. Den sagt
man, wenn es jemand sehr eilig hat und vor lauter Reisefieber nicht ordentlich essen kann.«
»Aber wir verreisen doch gar nicht«, sagt Schnüpperle,
»wir fahren bloß weg. Beim Verreisen muß man Koffer
mitnehmen.«
»Und wir nehmen den Schlitten mit.«
»Den Schlitten?« fragt Annerose. »Fährst du mit uns
auch Schlitten, Vater?«
»Habe ich vor.«
Jetzt kann es sogar Annerose kaum noch erwarten.
Endlich schiebt Vater den Schlitten ins Auto und setzt sich
seine Pelzmütze auf.
»Ich darf doch neben dir sitzen, nicht?« fragt Schnüpperle.
»Immer willst du nach vorn«, sagt Annerose.

»Ich muß doch fahren helfen!« sagt Schnüpperle. »Ich bin doch der Beifahrer.«
»Aber auf der Heimfahrt setz ich mich neben Vater.«
Sie winken, solange sie Mutter sehen können. Dann dreht Schnüpperle an einem Lenkrad, das es gar nicht gibt.
»Jetzt geht's aber los, mein Lieber!« sagt Schnüpperle.
»Mit Dampf, mein Lieber! Wie die Feuerwehr, mein Lieber! Mach mir bloß keinen Ärger, alte Kutsche! – Kurve. – Tut – tuuut! Kann der Esel nicht aufpassen? Tut – tuuut! Schon vorbei. Wieder 'ne Kurve. Sim-sim-sim-sim. – Vater, kann ich schon gut Auto fahren?«
»Ja, du kennst dich sehr gut aus.«
»Ich paß ja auch immer genau auf dich auf, deshalb!«

»Vater, sind wir bald da?« fragt Annerose.
»Ja, bald.«
Schnüpperle sieht Vater an.
»Mit der Pelzmütze siehst du aus wie der Knecht Ruprecht, Vater. Fahr noch ein bißchen schneller, dann mach ich die Augen zu und denk, wir kommen vom Himmel runtergerauscht. Und Annerose ist unser Christkind.«
»Vater!« ruft Annerose. »Was ist denn das dort für ein bunter Vogel? O Vater, ist der aber schön!«
»Das ist ein Fasan«, sagt Vater und fährt langsam am Feld entlang.
»Sieh mal, wie er rennt!« ruft Schnüpperle. »Kann er nicht fliegen?«
»Der kann schon, wartet nur ab. Seht ihr, jetzt fliegt er in den Wald. – Und wir sind da!«
»Wollen wir ihn gleich suchen gehen?« fragt Schnüpperle.
»Wir müssen sowieso durch den Wald zur Schlittenbahn«, sagt Vater, »da passen wir alle auf.«
»Wenn ich ihn sehe«, ruft Schnüpperle, »dann fang ich ihn und nehm ihn mit nach Hause.«
»Du wirst ihn überhaupt nicht sehen, wenn du so schreist«, sagt Annerose. »Im Wald muß man nämlich leise sein.«
»Ob der Knecht Ruprecht hier wohnt?« flüstert Schnüpperle und faßt Vater an der Hand.
»Weiß ich nicht genau«, sagt Vater.
»Horch mal, Vater!« Schnüpperle bleibt stehen. »Ich glaube, es schnarcht einer. Ob er das ist?«
»Nein, das ist eine Säge, hier werden gewiß Weihnachtsbäume abgesägt.«

»Oh, da möcht ich hin«, sagt Annerose, »da könnten wir gleich einen aussuchen.«
Vater stapft mit ihnen durch den Schnee.
»Vater! Vater! Sieh mal dort!« ruft Schnüpperle. »Ist das die Krippe vom Christkind und von Maria und Josef?«
»Nein, das ist eine Futterkrippe für das Wild.«
»Beim Christkind war's auch eine Futterkrippe«, sagt Schnüpperle, »und Heu und Stroh war auch drin.«
Schnüpperle fängt an zu singen: »*Da liegt es, das Kindlein, auf Heu und auf Stroh!* – Siehst du, vielleicht ist es doch die Krippe vom Christkind.«
»Nein«, sagt Vater, »die ist für die Rehe aufgestellt. Kommt, wir gehen etwas näher. Seht ihr, da liegen auch geschnittene Rüben und Kastanien und Eicheln.«
»Wollen wir warten, bis die Rehe kommen?« fragt Schnüpperle.
»Die kommen nicht, wenn wir in der Nähe sind.«
»Och, schade.«
»Du bist viel zu laut!« sagt Annerose. »Und stillstehen kannst du auch nicht. Mit dir hat's keinen Zweck.«
Sie gehen weiter.
»Vater«, sagt Annerose, »hier ist ja ein ganzer Garten voll Tannenbäume. Ach, sind die noch klein – und so dick verschneit.«
»Das ist eine Schonung«, sagt Vater. »Da darf man nicht hineingehen, damit die kleinen Bäume in aller Ruhe wachsen können.«
»Werden das Weihnachtsbäume, wenn sie groß sind?« fragt Schnüpperle.

»Ja, das werden Weihnachtsbäume.«
»Jetzt sind's noch Weihnachtsbaumkinder, nicht? Paßt jemand auf sie auf?«
»Ja, der Förster.«
»Oh, ich weiß«, sagt Schnüpperle, »es ist dem Förster sein Weihnachtsbaumkindergarten, nicht?«
Vater lacht. »Du bist mir schon so einer«, sagt er. »Aber jetzt kommt, dort drüben ist die Rodelbahn.«

DER 15. DEZEMBER

»Annerose, wie lange dauert es denn noch bis Weihnachten?« fragt Schnüpperle.
Mutter hat Annerose eben geweckt und das Licht angeknipst. Annerose dehnt sich unter dem warmen Deckbett.
»Ach, noch so lange!« sagt sie und seufzt.
»Wie lange ist so lange, Annerose? Sag mir's doch, aber ganz genau.«
»Du kannst ja noch nicht richtig zählen.«
»Ein bißchen schon.«
»Noch neunmal schlafen«, sagt Annerose, »und wenn wir dann aufwachen, ist der Tag, an dem Heiliger Abend ist.«

»Wieviel ist neunmal schlafen?« fragt Schnüpperle.
»Na, siehst du, daß du noch nicht zählen kannst!«
»Ach, ich weiß es selber«, sagt Schnüpperle. »Wenn alle Beutel am Adventskalender leer sind, dann! Ich hatte es bloß vergessen.«
Annerose steht auf und geht zum Adventskalender. Unter dem Adventskalender steht der Puppenwagen.
»Schnüpperle! Schnüpperle!« ruft Annerose. »Wo ist Tina? Wo hast du Tina hingeschleppt?«
»Ich?« fragt Schnüpperle. »Ich hab Tina überhaupt nicht wohingeschleppt!«
»Wer denn sonst? Du hast Tina bestimmt mit zu Susanne genommen.«
»Hab ich nicht! Immer soll ich alles gewesen sein, wenn was kaputt ist, auch. Dabei geht's immer ganz von alleine kaputt.«
»Hast du Tina etwa ka –«
»Hab ich nicht!« Schnüpperle stampft mit dem Fuß. »Paß doch auf deine olle Puppe besser auf!«
Annerose fängt an zu weinen. Da kommt Vater zur Tür herein.
»Was ist denn hier los in aller Frühe?«
»Annerose sagt, ich hab Tina kaputtgemacht, und das ist gar nicht wahr!«
»Tina ist weg«, schluchzt Annerose, »und ich weiß genau, daß ich Tina gestern abend in ihren Wagen gelegt habe. Ich hab sie noch so schön in den Schlaf gesungen.«
»Und daß es kurz vor Weihnachten ist, vergißt du wohl ganz?« fragt Vater. »Und daß du einen Wunschzettel

geschrieben hast, vergißt du wohl auch. Bevor du mit
Schnüpperle zankst, würde ich doch mal Mutter fragen,
wo Tina sein könnte.«
»Das Christkind? – Mutter!« Annerose rennt die Treppe
hinunter. »Mutter! Hat das Christkind etwa Tina mitgenommen?«
»Ja«, sagt Mutter, »aber schon vorgestern abend, du hast
es gestern nur nicht gemerkt, weil du so müde von euerm
Ausflug zurückgekommen bist.«
»Oh, Mutter! Mutter!« Annerose springt in der Küche
herum. »Was hat es denn gesagt? Ob ich für Tina ein
Taufkleid kriege? Und ein Himmelbett? Was hat es denn
gesagt?«
»Es hat gesagt, daß ich ihm ein bißchen helfen müßte,
und es wird jetzt abends mal zu uns kommen, und wir
werden miteinander nähen. Aber ihr müßt dann auch
immer zeitig ins Bett gehen und gleich schlafen.«
»Ich halt's nicht mehr aus bis Weihnachten, ich halt's nicht
mehr aus!« ruft Annerose.
Schnüpperle kommt um die Tür geschlichen. »Und was
hat das Christkind bei mir gesagt, Mutter, bei meinem
Wunschzettel?«
»Es hat gesagt: Damit wird's schwierig werden.«
»Warum? Sind die Hunde so knapp? Oder sind sie schon
alle weg?«
»Eins von beiden wird's wohl sein. Aber das Christkind
will noch einmal genau nachzählen. Es könnte ja sein,
daß es sich ein Kind inzwischen anders überlegt hat.«
»Ich nicht, Mutter, ich bestimmt nicht.«

»Ja, und dann wollte sich das Christkind genau erkundigen, ob die Kinder, die sich einen Hund wünschen, auch immer gut zu allen Tieren gewesen sind.«
»Ich war immer gut, nicht, Mutter? Ich hab die Vögel noch kein einziges Mal vergessen, und ich hab Knirpsi auch nicht gehauen, als er meinem schönen Schneemann den Kopf abgebissen hat, nicht? Ob ich da einen Hund bekomme? Ich bin ja mit einem ganz winzigkleinen zufrieden.«
»Wir müssen eben abwarten«, sagt Mutter.
»Ich halt's nicht mehr aus bis Weihnachten«, ruft Schnüpperle, »ich halt's auch ganz bestimmt nicht mehr aus!«

Der 16. Dezember

Als Annerose heute aus der Schule heimkommt und Schnüpperle am Fenster stehen sieht, macht sie ihm schon von weitem geheimnisvolle Zeichen. Erst zeigt sie mit dem Finger auf sich, dann auf Schnüpperle. Dann legt sie den Finger auf den Mund, und dann stößt sie ihn in die Luft.
»Mutter«, ruft Schnüpperle aufgeregt, »ich glaube, Annerose hat was Schlimmes. Aber ich darf's nicht sagen, weil sie immer so macht.« Schnüpperle legt auch den Zeigefinger auf den Mund.
»Dann sag mir's bloß nicht«, antwortet Mutter.
Schnüpperle rennt zur Tür. »Was ist denn?« flüstert er, als Annerose die Treppe heraufkommt. »Hast du in der Schule Ausschimpfe gekriegt?«
»Ach, woher!« sagt Annerose. »Was ganz anderes. Komm mit rauf zu uns. – Ich komm gleich, Mutter«, ruft sie im Flur. »Aber nicht horchen!«
Annerose und Schnüpperle verschwinden im Kinderzimmer.
»Ich weiß jetzt, was wir Vater und Mutter zu Weihnachten schenken«, flüstert sie.
»Was denn?« fragt Schnüpperle.
»Tannenzapfen mit Schokoladenplätzchen.«
»Tannenzapfen mit Schokoladenplätzchen? So was hab ich noch nie gesehen, noch nie!«

»Ich auch nicht«, sagt Annerose, »aber Fräulein Buschmann hat es uns heute gezeigt. Wunderbar!«
»Wird's genäht?« fragt Schnüpperle.
»Nein.«
»Gehäkelt?«
»Nein. Wie kommst du denn auf genäht oder gehäkelt?«
»Wenn Fräulein Buschmann was sagt, ist es immer genäht oder gehäkelt.«
»Gar nicht wahr. Es sind richtige Tannenzapfen und richtige Schokoladenplätzchen.«
»Zum Essen?« fragt Schnüpperle.
»Die Schokoladenplätzchen sind zum Essen. Das ist ja gerade das Geschenk.«
»Und die Tannenzapfen?« fragt Schnüpperle.
»Die nicht, da werden die Plätzchen bloß reingesteckt.«
»Geht ja gar nicht«, sagt Schnüpperle.
»Geht doch! Hier, einen Tannenzapfen hab ich schon von Fräulein Buschmann.«
»Und die Schokoladenplätzchen?«
»Müssen wir kaufen.«
»Wir beide?«
Annerose nickt.
»O ja! Und das Geld?«
»Nehmen wir aus unseren Sparbüchsen«, sagt Annerose.
»Aber du darfst Mutter kein Wort verraten!«
»Bestimmt nicht.«
Als sie in die Küche kommen, sagt Schnüpperle:
»Ich sag nichts, Mutter, du kannst fragen, was du willst.«
»Sei still!« ruft Annerose.

Nach dem Mittagessen holen sie ihre Sparbüchsen und
schütteln das Geld aus den Schlitzen. Fünfpfennigstücke
und Zehnpfennigstücke fallen heraus und bei Annerose
sogar ein Fünfziger.
»Ooch«, sagt Schnüpperle, »du hast aber schweres Geld!
Solches hab ich nicht.«
»Hat mir Vater geschenkt«, sagt Annerose stolz, »zur
Belohnung für meinen guten Aufsatz.«
»Wenn ich erst in die Schule gehe, kriege ich auch immer
Geld zur Belohnung«, sagt Schnüpperle. »Bestimmt!«
»Das kannst du jetzt noch gar nicht wissen.«
»Weiß ich doch. Ich bin ja immer so fleißig. Ich hol Mutter
Kartoffeln aus dem Keller, und Milch und Brot hole ich,
und Klammern geb ich Mutter, wenn sie Wäsche aufhängt,
überhaupt alles! Aber ich habe bloß so kleines Geld.«
»Kleine haben eben bloß kleines Geld. Dafür brauchen
sie ja auch noch keine Schularbeiten zu machen.«
Schnüpperle sieht auf sein Geldhäufchen. »Ist's immer
noch nicht genug, Annerose?«
»Nein.«
»Sind Schokoladenplätzchen so teuer?«
»Nein, aber wir brauchen sehr viele.«
»Müssen wir unsere Sparbüchsen ganz leerschütteln?«
»Du deine schon.«
»Ach nein, das möcht ich aber nicht.«
»Weißt du, was du bist, Schnüpperle? Du bist ein
Geizknüppel!«
»Ich bin kein Geizknüppel!« ruft Schnüpperle.
»Doch!« sagt Annerose. »Wenn man jemandem was

schenken will und man gibt's nicht gern, dann soll man lieber überhaupt nichts schenken, hat Mutter gesagt.«
»Und Vater hat gesagt: Ein Geld muß immer in der Sparbüchse bleiben, und wenn's bloß ein kleiner Pfennig ist, sonst kommt nie mehr was in die Sparbüchse rein. So!«
»Das gilt bloß, wenn man sein Geld immer vernascht«, sagt Annerose, »aber nicht bei Weihnachtsgeschenken. Da macht man ja andern eine Freude damit.«
»Ist das bestimmt wahr?« fragt Schnüpperle.
»Ja.«
»Ob sich Vater über die Schokoladenplätzchen freut? Und Mutter auch?«
»Sie kriegen doch nicht bloß so Schokoladenplätzchen«, sagt Annerose, »wir stecken sie doch ringsrum in die Tannenzapfen, immer unter die Schuppen. Es sieht wahnsinnig schön aus!«
»Nehmen wir für Vater und Mutter einen Tannenzapfen zusammen?«
»Nein, für jeden einen. Ich muß beim Gärtner noch einen Tannenzapfen kaufen.«
Schnüpperle überlegt. »Könnten wir nicht auch Oma so einen schenken? Oma kommt doch Weihnachten zu Besuch.«
»O ja«, sagt Annerose, »für Oma haben wir ja auch noch nichts.«
»Siehste!«
»Da muß ich meine Sparbüchse auch ganz leerschütteln«, sagt Annerose.

»Bin ich jetzt immer noch ein Geizknüppel?« fragt
Schnüpperle. »Wo ich so schön an Oma gedacht habe?«
Als sich Annerose und Schnüpperle die Mäntel anziehen,
fragt Mutter:
»Wo wollt ihr denn hin?«
»Wir gehen Schokoladenplätzchen kaufen«, sagt Schnüpperle.
»Schnüpperle!« schreit Annerose.
»Ich mein doch bloß die Schokoladenplätzchen für Oma.
Was du kriegst, Mutter, das sag ich nicht, da kannst du
fragen, was du willst!«

Der 17. Dezember

»Ich möchte nur wissen, wo Vater heute so lange bleibt«, sagt Mutter. »Er müßte doch längst zu Hause sein!«
»Ich stell mich ans Fenster«, ruft Schnüpperle, »und sag dir's, wenn er kommt, dann weißt du's ein bißchen eher.«
Schnüpperle steckt den Kopf hinter den Vorhang. Draußen ist es stockfinster, aber wenn Vater an der Laterne vorbeifährt, kann Schnüpperle das Auto erkennen.
»Ob wir ihm bis zur Ecke entgegengehen?« fragt Annerose.
»Lieber nicht«, wehrt Mutter ab. »Bevor ihr Mäntel und Stiefel anhabt, ist er vielleicht schon da. Aber den Tisch könntet ihr schon decken.«
Schnüpperle nimmt das Tischtuch aus der Schublade, und Annerose deckt es auf.
»Schief!« sagt Schnüpperle und zupft es zurecht.
Dann nimmt Annerose Teller und Tassen aus dem Schrank. Schnüpperle verteilt sie auf die vier Plätze.
»Jetzt Messer und Gabel und kleine Löffel«, sagt Schnüpperle.
»Weiß ich selber«, sagt Annerose.
Als Annerose das Besteck abzählt, geht die Haustür auf, und im nächsten Augenblick prasselt es in den Vorflur, daß ihnen Hören und Sehen vergeht. Annerose schiebt mit einem Ruck den Besteckkasten zu und läßt die Arme sinken. Schnüpperle hält sich Mutters Schürze vors Gesicht.

»Das war der Knecht Ruprecht!« ruft Mutter. »Er hat euch was ins Haus geworfen.«
Schnüpperle zieht die Schürze vorsichtig vom Gesicht herunter.
»Ist er jetzt wieder fort?«
»Längst«, sagt Mutter.
»Oh, ich geh nachsehen«, sagt Annerose und macht die Küchentür auf.
»Kommst du mit, Mutter?« fragt Schnüpperle und faßt mit beiden Händen nach Mutters Arm.
»Ja, ich komm mit.«
»Nüsse!« ruft Annerose schon, »lauter Nüsse! Und manche sind vergoldet.«
Jetzt rennt auch Schnüpperle los.
»Ooch, so viele Nüsse!« ruft Schnüpperle, »so viele! Und Patentnüsse sind auch dabei!«
»Paranüsse heißen sie«, sagt Annerose.
»Meinetwegen, aber der Knecht Ruprecht hat genau gewußt, daß ich Patentnüsse so gern mag. Mutter, wollen wir mal gucken, ob wir den guten Knecht Ruprecht sehen können?«
»Gerade hast du noch solche Angst gehabt«, sagt Annerose.
»Gar nicht wahr. Ich hab mich bloß erschrocken.«
Mutter klinkt die Haustür auf. Schnüpperle steckt nur den Kopf um die Ecke.
»Nichts mehr zu sehen«, sagt Schnüpperle, »überhaupt nichts mehr, auch kein Zipfelchen von seinem Pelz mehr – schade! Hätte ich bloß eher daran gedacht!«

»Seht mal, wer da kommt«, ruft Mutter.
»Vater! Vater!« rufen Annerose und Schnüpperle zu gleicher Zeit. »Der Knecht Ruprecht war gerade bei uns. Er hat so viele Nüsse – bei uns war er – ins Haus geworfen hat er die Nüsse – hast du ihn noch gesehen?«
»Und ob ich ihn noch gesehen habe!« antwortet Vater.
»Er ist auf mich zugekommen und hat gesagt, heute abend käme das Christkind zu uns. Aber nur, wenn ... ihr ... na, das wißt ihr schon.«
»Heute abend?« rufen Annerose und Schnüpperle wieder zu gleicher Zeit.
»Wegen Tinas Taufkleid?« fragt Annerose. »Und wegen Tinas Himmelbett?«
»Fragst du es auch nach meinem Hund?«
»Ja, Schnüpperle«, antwortet Mutter. »Aber was das Christkind mir sagt, das erfährst du nicht, da kannst du fragen, was du willst.«
»Och, du!« sagt Schnüpperle und lacht.
Gleich nach dem Abendbrot wollen Annerose und Schnüpperle ins Bett. Der Kuckuck ruft einmal, da ist es halb acht, der Kuckuck ruft achtmal, sie schlafen immer noch nicht. Sie liegen still und lauschen, ob die Haustür geht oder die Tür zum Garten.
»Wenn man bloß wüßte, ob's schon da ist«, flüstert Annerose.
»Wenn man's bloß wüßte«, flüstert Schnüpperle.
»Mir ist so heiß, ich muß mich aufdecken«, flüstert Annerose.
»Mir ist genauso heiß«, flüstert Schnüpperle. »Annerose,

ich glaube, ich hab mir heute abend die Zähne nicht geputzt. Ob ich noch gehe?«
»Nein, das Christkind hört dich.«
»Wenn's schon da ist – sonst nicht.«
»Und wenn's gerade kommt? Bleib bloß liegen«, sagt Annerose. »Wenn Tina da wäre, würde ich mir Tina ins Bett holen, da schliefe ich bestimmt ganz schnell ein.«
»Soll ich dir Dicki borgen?«
»Nein, mit Dicki geht's nicht. Dicki gehört zu dir.«
»Annerose, ich glaube, mir wird schlecht.«
»Bildest du dir boß ein. Das ist die Aufregung.«
»Annerose, ich glaube, mir ist doch richtig schlecht. Mutter muß kommen.«
»Ich geh aber nicht runter.«
»Ob wir rufen?«
»Ich rufe nicht! Leg dich rum, da wird dir schon besser werden.«
»Annerose, ich hab so Durst. Wenn ich was trinke, wird mir bestimmt wieder gut.«
»Ich hole aber kein Wasser, da kannst du machen, was du willst.«
»Wollen wir zusammen gehen?«
»Ich nicht. Ich will mir's beim Christkind nicht verderben.«
»Annerose, mir tut der Bauch weh. Bestimmt, das ist nicht eingebildet.«
»Sei mal still!«
»Was ist, Annerose?«
»Jetzt gerade hat was ganz fein geklingelt.«
»Bestimmt?«

»Ja, fast so fein wie am Heiligen Abend zur Bescherung.«
»Ich hab nichts gehört.«
»Konntest du auch nicht, weil du dauernd geredet hast. Aber ich hab's gehört.«
»Dann ist's jetzt da!« sagt Schnüpperle. »Endlich! – Annerose, ich glaube, jetzt ist mir wieder wohler.«

Der 18. Dezember

»Bei Susanne haben sie schon einen Christbaum«, sagt
Schnüpperle, »und in den anderen Häusern auch. Bloß wir
haben noch keinen. Warum haben wir noch keinen?«
»Weil noch Zeit genug ist«, antwortet Mutter, »und weil
Vater noch keine Zeit gehabt hat, mit uns zu gehen. Zum
Christbaumkauf muß man sich aber Zeit nehmen.«
»Nicht bloß so husch-husch, wie ich manchmal
beim Waschen, nicht?«
»Nein, so nicht«, sagt Mutter.
»Aber wenn die Christbäume womöglich alle weg sind,
bis wir kommen?«
»Für uns ist bestimmt noch ein schöner da.«
»Kaufen wir einen ganz großen, Mutter?«
»Ja.«
»Von unten bis oben?«
»Vom Fußboden bis zur Zimmerdecke«, sagt Mutter.
»O ja, so einer muß es sein, und ganz viele Lichter stecken
wir drauf, nicht? Wenn ich so viele Lichter sehe, wird mir
immer so himmlisch. Unser Christbaum ist bestimmt der
allerschönste, nicht?«
»Ja, für uns ist es der allerschönste«, sagt Mutter.
»Und er ist bestimmt noch ein bißchen schöner, als der
von Susanne, nicht?«
»Für Susanne ist ihr Baum der schönste, Schnüpperle.
Für jeden ist sein Christbaum der schönste.«

»Susannes kann nicht der schönste sein«, sagt Schnüpperle, »weil es bloß so ein kleiner Drüppel ist. Mutter, wann gehen wir endlich? Wann hat Vater Zeit? Wenn ich nicht bald weiß, wie unser Christbaum aussieht, habe ich überhaupt keine Freude mehr. Und wenn ich mich nicht mehr freuen kann, dann kann ich nicht mehr spielen, und dann kann ich auch nicht mehr essen, und wenn ich nicht mehr essen kann, werd ich krank. Und wenn ich krank bin, muß der Doktor kommen, und es ist gar kein schönes Weihnachtsfest, weil ihr alle traurig seid wegen mir.«
Das Telefon klingelt. Mutter nimmt den Hörer ab.
»Ach, du bist es, Erich«, sagt sie. »Na, was gibt's? ... Das ist ja großartig! ... Fein! Wir haben gerade davon gesprochen. Schnüpperle meint, wenn wir nicht bald einen Christbaum kaufen, würde er krank ... Das braucht er nun nicht mehr, soll ich ihm sagen? ... Gut. Wann bist du da, Erich? ... Gegen zwei? Gut, ich richte mich darauf ein. Warte mal, dein Sohn will dir noch was sagen!«
»Kommst du auch ganz bestimmt?« fragt Schnüpperle.
»Kaufen wir auch einen ganz großen? ... Hast du auch genug Zeit ... Gut, Erich! ... Hosen strammziehen? Tust du nicht, du lachst ja, Vater!«
Als Vater um zwei kommt, sind sie schon alle gemäntelt und gestiefelt. Schnüpperle singt:
Laßt uns froho uhund munter sein,
jetzt kauhaufen wir den Christbaum ein!
Lustig, lustig, trallallallalla,
bald ist uhunseher Christbaum da,
bald ist uhunseher Christbaum da!

»Ist das nicht ein schönes Lied, Vater? Hat Annerose gedichtet.«
»Habt ihr auch an eine Schnur gedacht?« fragt Vater.
»Ich hab sie in der Handtasche«, antwortet Mutter.
»Wozu brauchen wir denn eine Schnur?« fragt Annerose.
»Damit wir den Baum zusammenschnüren können. Er soll doch in den Kofferraum.«
Sie fahren los. Schnüpperle singt das neue Christbaumlied, bis sie auf dem Markt sind.
»Frischgeschlagene Christbäume!« ruft der Mann in der grünen Joppe. »Ganz frisch geschlagen! Gestern noch im Wald, heut auf dem Markt! Tannen und Fichten, von der kleinsten bis zur größten und sooo billig!« Er schlägt die Hände zusammen. Es klatscht aber nicht, weil er dicke Fausthandschuhe anhat. Jetzt stampft er in seinen hohen Filzstiefeln auf Vater und Mutter zu.
»Guten Tag, die Herrschaften, na, wie groß soll er denn beschaffen sein?«

»Ungefähr zweieinhalb Meter«, sagt Vater.
»Und sehr schön voll gewachsen«, sagt Mutter.
»Wie die Herrschaften wünschen! Da müssen wir gleich ein Stück weitergehen. Die großen Bäume stehen nämlich dort hinten.«
»Den da möchte ich!« sagt Schnüpperle, »der ist schön groß!«
»Um Himmels willen!« sagt Vater, »der reicht ja vom Keller bis unters Dach.«
Der Mann in der Joppe lacht. »Von dem Baum hätten Sie eben im ganzen Haus etwas«, sagt er. »Aber wie wär's denn mit dem hier, oder mit diesem? – Hier hätte ich noch eine gutgewachsene Tanne. Suchen Sie sich den besten Baum aus, einen Christbaum kauft man nicht alle Tage.«
»Den, Vater! Mutter, den!« ruft Annerose und zeigt auf die Tanne. »Der ist so wunderschön dunkelgrün!«
»Der ist nur ein bißchen zu leer«, sagt Mutter.
»Wir haben auch noch vollere Tannen«, sagt der Mann in der Joppe und richtet einen anderen Baum auf.
»Schon besser«, findet Mutter, »aber die Spitze ist sehr kahl.«
Der Mann holt neue Bäume und zeigt sie.
»Der ist sehr schön, meint ihr nicht?« fragt Mutter und beguckt eine große, volle Tanne von allen Seiten.
»Gut«, sagt Vater, »nehmen wir diesen. Mir gefällt er auch sehr. Und wie ist's mit euch?«
»Er ist wunderbar!« sagt Annerose. »So dunkelgrün!«
»Wo ist denn Schnüpperle?« ruft Mutter. »Schnüpperle! Schnüpperle!«

»Hier bin ich!«
»Ja, warum in aller Welt kriechst du denn unter den Bäumen herum?« fragt Vater.
»Ich wollte bloß mal gucken, ob vielleicht ein kleiner Hase drunter sitzt.«
»Aber Schnüpperle!«
»Na, ja, es könnte doch einer dazwischengekommen sein.«

DER 19. DEZEMBER

Mutter ist einkaufen gegangen. Schnüpperle steht auf
einem Stuhl am Fenster und sieht auf die Terrasse
hinunter. Unten an der Hauswand lehnt der Christbaum.
Schnüpperle kann sich nicht satt daran sehen.
»Warum kommt denn Susanne immer noch nicht raus«,
sagt Schnüpperle vor sich hin. »Ich möchte ihr doch so
gern unseren Christbaum zeigen. Olle Schlafmütze.«
Da läutet es an der Haustür. Schnüpperle rennt die Treppe
hinunter und ruft durch den Briefkastenschlitz:
»Mutter, bist du's?«
»Nein«, sagt eine fremde Stimme, »ich bin...«
»Ich darf nicht aufmachen«, ruft Schnüpperle, »weil ich
allein bin und weil du vielleicht ein Einbrecher bist.«
»Ich bin kein Einbrecher. Ich bin der Bauer Hoppe.«
»Ich darf aber nicht aufmachen, weil Mutter einkaufen
gegangen ist und weil Einbrecher immer Ausreden haben
und was anderes sagen, und dann sind sie schon drin.«
»Ich hab keine Ausreden«, sagt der Mann draußen, »ich
bring euch bloß die Weihnachtsgans, die euer Vater bestellt
hat.«
»Eine Gans?« fragt Schnüpperle. »Eine richtige Gans?«
»Ja, was denn sonst!«
»O fein, laß sie mal schnattern!« Schnüpperle hebt mit
der Hand den Briefkastenschlitz hoch.
»O je, o je!« Der Mann draußen seufzt.

»Ich hör noch gar nichts«, ruft Schnüpperle. »Will sie nicht?«
»Sie kann nicht.«
»Warum kann sie nicht? Ist sie krank?«
Der Mann vor der Tür fängt an zu lachen. »Die ist nicht krank«, sagt er.
»Dann laß sie mal durch den Briefschlitz gucken!«
»Geht nicht. Sie ist eingepackt.«
»Siehste, du bist doch ein Einbrecher! Du hast Ausreden und willst bloß rein.«
»Junge!« kommt's von draußen, »ich will doch die Gans loswerden.«
»Hast du auch bestimmt eine?«
»Ja doch!«
»Ich guck jetzt mal durchs Schlüsselloch«, sagt Schnüpperle, »und wenn ich sie sehe, mach ich vielleicht auf, und wenn ich sie nicht sehe, kommt's nicht in Frage.«
Schnüpperle hört Papier rascheln. »Ihren Schnabel seh ich schon, zeig mehr! Du, die hat ja einen verbundenen Kopf. Jetzt weiß ich, warum sie nicht geschnattert hat. – Du, du dort draußen, die ist ja ganz nackt! So eine hat Vater bestimmt nicht bestellt. Wir wollen doch eine mit Federn.«
Der Mann vor der Tür lacht so sehr, daß er eine Weile nicht sprechen kann. »Nein«, sagt er dann, »dein Vater hat eine ohne Federn bestellt.«
»Hatte sie zuerst mal welche?«
»Ja, früher.«
»Hast du sie ihr abrasiert?«

»Abrasiert nicht gerade.«
»Wie hast du's denn gemacht?«
»Ich hab die Gans gerupft.«
»Gerupft?« fragt Schnüpperle. »Alle Federn rausgerupft? Da muß sie doch sehr geschrien haben, nicht? Ich hab Annerose mal am Pferdeschwanz gerupft, und da hat Annerose auch ganz furchtbar geschrien.«
»Die Gans hat aber nicht geschrien.«
»Nein, warum nicht?«
»Weil ich sie vorher geschlachtet habe, und dann habe ich sie erst gerupft, damit ihr zu Weihnachten einen ordentlichen Gänsebraten essen könnt. Machst du mir jetzt auf?«

»Nein!« ruft Schnüpperle, und gleich noch einmal: »Nein!
So einem wie dir mach ich überhaupt nicht auf.«
»Gut«, sagt Bauer Hoppe, »dann leg ich die Gans eben
vor eure Haustür, und wenn ich fortgegangen bin, holst
du sie rein. Hast du mich verstanden?«
»Nein, ich hab's nicht verstanden, kein Wort! Und ich hol
sie auch nicht rein!«
Schnüpperle hört Schritte, und dann sagt Bauer Hoppe:
»Ach, da kommt ja die Mama. Na, jetzt werd ich den
Vogel wohl doch noch los.«

Der 20. Dezember

Heute ist Anneroses letzter Schultag vor den Ferien mit
der großen Weihnachtsfeier.
»Mutter«, ruft Schnüpperle. »Annerose hat ja den Apfel
vergessen!«
»Das habe ich schon gesehen«, sagt Mutter, »und früh-
stücken konnte sie in ihrer Aufregung auch nicht.
Hoffentlich wird ihr vor Hunger nicht übel.«
»Wird ihr schon nicht«, sagt Schnüpperle. »Sie ist ja
nicht an der frischen Luft, da hat sie nicht solchen Hunger.
Und wenn doch, wird Katrin sie schon mal von ihrem
Brot abbeißen lassen.«
Mutter geht die Treppe hinauf. Sie will im Kinderzimmer
aufräumen. Schnüpperle geht mit.
»Sieh mal, Mutter, sind das nicht Anneroses Schnee-
flockenstrümpfe?«
Mutter fährt herum. »Du meine Güte!« ruft sie. »Jetzt hat
Annerose die weißen Strümpfe liegen lassen. Aber ich
hatte ihr doch alles eingepackt!«
»Annerose ist gestern abend noch mal aufgestanden«,
sagt Schnüpperle. »Sie hat nachgesehen, ob du auch
wirklich alles eingepackt hast.«
»So«, sagt Mutter, »und nun haben wir die Bescherung. –
Schnüpperle, ich muß in die Schule.«
»Ich komm mit!« ruft Schnüpperle und ist noch vor Mutter
auf der Treppe. »Ich bleibe nicht allein zu Hause, vielleicht

kommt wieder so ein Gänsemann, und ich mach alles falsch.«
Im Nu sind Mutter und Schnüpperle in den Mänteln und laufen los. Mutter zählt: »Eins, zwei, drei, vier, fünf, sechs, sieben, acht, neun, zehn.« So lange rennen sie. Dann zählt sie wieder bis zehn, so lange gehen sie; immer abwechselnd. Ganz außer Atem kommen sie bei der Schule an.
Fräulein Buschmann steht in der Vorhalle.
»Mir fällt ein Stein vom Herzen!« sagt sie, als Mutter und Schnüpperle zur Tür hereinkommen.
Mutter kann noch gar nichts sagen. Sie hält Fräulein Buschmann nur die weißen Strümpfe hin.
»Wollen Sie die Aufführung mit ansehen?« fragt Fräulein Buschmann.
»Wenn wir dürfen und Platz für uns ist«, sagt Mutter.
»O ja, wir bleiben hier, nicht, Mutter?« sagt Schnüpperle gleich. »Da könnten wir doch Annerose sehen. Oh, das wird fein!«
Fräulein Buschmann nimmt Mutter und Schnüpperle mit in die Aula. Fast alle Plätze sind schon besetzt. Aber vorn in der zweiten Reihe ist noch einer frei. Mutter nimmt Schnüpperle auf den Schoß.
Neben ihnen sitzt ein Junge. Er sieht Schnüpperle immer von der Seite an.
»Brauchst uns gar nicht so böse anzugucken«, sagt Schnüpperle, »wir dürfen hierbleiben.«
»Wehe, du bist nicht ruhig, wenn's losgeht!« sagt der Junge.

»Wehe, du nicht!« sagt Schnüpperle.
Das Licht geht aus.
»Aaah!« schreien die Kinder.
»Pssst!« machen die Lehrer.
»Kommt jetzt gleich Annerose?« flüstert Schnüpperle.
»Nein«, sagt Mutter.
Der Vorhang geht auseinander. Auf der Bühne steht ein Chor. Die Mädchen und Jungen in der vordersten Reihe halten brennende rote Kerzen in den Händen. ›*Vom Himmel hoch, da komm ich her*‹ singt der Chor, und als zweites Lied ›*Macht hoch die Tür, die Tor macht weit!*‹, dann geht der Vorhang wieder zu.
»Es kommt aber noch viel mehr, nicht?« flüstert Schnüpperle.
Mutter nickt.
Der Junge nebenan stößt Schnüpperle mit dem Ellenbogen.
»Klatschen!« sagt er. Schnüpperle klatscht drauflos.
»Ich kann viel lauter als du!« ruft Schnüpperle.
Oben auf der Bühne steht jetzt ein großer Junge. Er sagt das Gedicht: ›*Von drauß', vom Walde komm ich her.*‹
»Kann ich auch«, flüstert Schnüpperle.
Bei der Stelle ›*Wo's eitel gute Kinder hat*‹ bleibt der Junge auf der Bühne plötzlich stecken und wird rot. Die Kinder fangen an zu lachen. Da ruft Schnüpperle:
»*Hast denn das Säcklein auch bei dir?*«
Die Kinder drehen die Köpfe und sehen zu Schnüpperle hin. Jetzt weiß der Junge auf der Bühne weiter.
»Kommt jetzt Annerose?« fragt Schnüpperle.
»Weiß ich nicht«, sagt Mutter.

Aber nun sind erst die Flötenspieler an der Reihe.
»Die fiepen aber schön«, sagt Schnüpperle.
»Die *spielen* schön!« flüstert Mutter.
»Vater sagt aber immer fiepen, wenn Annerose Flöte spielt.«
Mutter legt Schnüpperle die Hand auf den Mund. Wieder geht der Vorhang auf, und jetzt hüpfen endlich die Schneeflocken herein. Ihre weißen, duftigen Kleider wippen, die Fäden mit Glitzerwatte wirbeln, sie singen:
Schneeflöckchen, Weißröckchen,
jetzt kommst du geschneit,
du wohnst in der Wolke,
dein Weg ist gar weit.
Sie singen alle Strophen.
»Siehst du sie, Mutter, dort, dort ist Annerose!«
Mutter hält ihm gleich wieder den Mund zu.
»Schön! Schön!« sagt Schnüpperle. Es hört sich an wie »Dön! Dön!«, weil Mutter ihre Hand noch nicht weggenommen hat.
Die Zuschauer klatschen so sehr, daß die Schneeflocken schnell noch einmal hereinschneien. Jede macht einen Knicks. Als Annerose dran ist, hält es Schnüpperle nicht mehr aus.
»Annerose, ich bin auch da!« ruft er. »Hier sitz ich!«
Da wird Annerose ganz rot und rennt von der Bühne. Die Kinder um Schnüpperle herum fangen an zu lachen.
Schon wieder geht der Vorhang auf. Nun kommt das Krippenspiel. Schnüpperle bohrt mit dem Daumen ein Loch in seine Manteltasche, so sehr regt ihn die Herbergs-

suche in Bethlehem auf. Und als plötzlich der Engel vor den Hirten steht, erschrickt Schnüpperle und kann schon drei Finger in das Loch stecken. Das Kind in der Krippe sieht er nicht, so sehr er auch den Hals reckt. Dann fällt ihm ein, daß Ochs und Esel fehlen, und weil er nicht reden darf, bohrt er die Hand vollends durch die Manteltasche. Schnüpperle merkt es aber erst, als das Spiel zu Ende ist. Alle klatschen, und auch Schnüpperle will klatschen.
»Mutter, zieh doch mal mit!« ruft Schnüpperle. »Mutter, hilf mir doch, die Tasche will nicht im Mantel bleiben!«
»Aber Schnüpperle, wie kommt denn dieses Riesenloch in deine Tasche?«
»Ich weiß nicht, Mutter, auf einmal war's drin, ganz von alleine!«

Der 21. Dezember

Mutter hat heute Weihnachtshausputz. Annerose möchte Mutter helfen. Sie will das Kinderzimmer aufräumen.
»Und ich?« fragt Schnüpperle.
»Du kannst im Fremdenzimmer Staub wischen, damit alles blitzblank ist, wenn Oma kommt.«
»O ja! Sagst du's Oma, daß ich alles blitzblank gemacht habe?«
Mutter nickt.
Schnüpperle zieht mit dem Staubtuch los. Er reibt zuerst den Tisch ab. »So viel Staub überall!« sagt Schnüpperle vor sich hin. »Will auch gar nicht abgehen.« Schnüpperle reibt und reibt.
Annerose schiebt den Puppenwagen zur Tür herein.
»Hilf mir mal, Tinas Wickelkommode rauszutragen.«
»Leider keine Zeit!« antwortet Schnüpperle. »Siehst du doch.«
»Los, komm!« ruft Annerose.
»Wenn du ›los‹ sagst, komm ich nicht.«
»Komm, bitte!«
Sie tragen die Wickelkommode ins Fremdenzimmer.
»Wenn du hier alles vollstellst, kann ich überhaupt nicht Staub wischen.«
»Und wenn alles drüben stehen bleibt, kann ich nicht saubermachen«, sagt Annerose. »Mutter räumt auch immer aus.«

»Ich finde Saubermachen nicht schön«, sagt Schnüpperle.
»Warum muß alles saubergemacht werden, Annerose?«
»Weil sonst zu Weihnachten überall Schmutz liegt, und dann ist's überhaupt nicht weihnachtlich.«
»Machst du deine kleine Puppe Hanni auch sauber?« fragt Schnüpperle.
»Ja, nachher.«
»Mit Seife?«
»Ja.«
»Wäscht du ihr auch die Haare?« fragt Schnüpperle.
»Nein, die bürst ich bloß.«
»Ziehst du sie auch frisch an?«
»Ja. Und jetzt geh raus, ich hol den Staubsauger.«
Schnüpperle nimmt seinen Teddy mit und verschwindet im Fremdenzimmer. Er setzt Dicki auf die Liege.
»Kannst zugucken, wie ich arbeite«, sagt er zu Dicki, »muß alles weihnachtlich werden, wenn Oma kommt.«
Schnüpperle wischt auf dem Stuhl herum, auf der Fenster-

bank und an den Schranktüren. Dann setzt er sich zu Dicki auf die Liege.
»Fertig!« sagt Schnüpperle. »Kann mich jetzt ausruhen. Hab ich gut gemacht, nicht? Alles fein weihnachtlich.«
Schnüpperle sieht Dicki an und überlegt.
»Jetzt wirst *du* weihnachtlich gemacht, komm!«
Schnüpperle nimmt Dicki unter den Arm und geht ins Badezimmer. Er läßt Wasser ins Waschbecken laufen, steckt den Waschlappen hinein und reibt damit über die Seife.
»Brauchst keine Angst zu haben«, sagt er zu Dicki, »kriegst keine Seife in die Augen, ich paß schon auf. Bloß mal tauchen, das mach ich auch immer.« Schnüpperle taucht Dickis Kopf ins Wasser. »Schön warm, nicht? So, und jetzt schnell waschen, dann bist du weihnachtlich. Beißt nicht in die Augen, nicht? Schon fertig! Nein, die Ohren noch, die vergeß ich bei mir auch immer. Geht aber ganz schnell. So, noch mal tauchen und gleich abtrocknen.«
Schnüpperle reibt Dickis Kopf mit dem Handtuch ab.
»Zeig mal deine Hände, Dicki! O je, die sind aber gar nicht weihnachtlich.«
Schnüpperle schrubbt auch noch Dickis Hände und Füße, und zuletzt reibt er Dicki den Bauch und Rücken ab.
»So, und jetzt bürsten.«
Schnüpperle nimmt die weiche Haarbürste und streicht Dicki vom nassen Kopf bis zu den Füßen glatt. Dann nimmt er Mutters Parfümflasche. »Sollst auch gut riechen«, sagt Schnüpperle, »kriegst hinter jedes Ohr ein Tupferchen. Macht Mutter auch so. Aaah! Hmmm! Jetzt

bist du fein weihnachtlich, Dicki. Guck mal in den Spiegel!«

Schnüpperle fällt ein, daß Annerose ihre kleine Puppe Hanni frisch anziehen will. Schnüpperle denkt nach. Tina ist nicht da, und wenn Tina wiederkommt, wird sie ein neues Kleid haben. Und Dicki hat gar nichts. Schnüpperle geht ins Fremdenzimmer und zieht die Schübe aus der Wickelkommode. Annerose hat alles ordentlich eingeräumt: Tinas Babyjäckchen, Strampelhosen, Mützen, Kleider. Schnüpperle probiert an. Die erste Mütze bekommt er nicht über Dickis nassen Kopf. »Hast leider zu große Ohren, Dicki«, sagt er. Aber er findet eine rosa Wollpudelmütze, die sich weiten läßt. Schnüpperle dehnt sie passend.

»Oh, du bist aber niedlich, Dicki! Soll ich dir eine Strampelhose anziehen? Eigentlich bist du ja kein Baby mehr.« Schnüpperle wühlt die Schübe durch. »Tina hat aber sonst bloß noch Kleider. Wollen wir doch eine Strampelhose nehmen? Sieh mal hier, Dicki, die weiße, die find ich schön, du auch? Gut, bekommst du an.« Schnüpperle muß wieder dehnen. Tina ist zwar etwas größer, aber dafür hat der Teddy dickere Beine. Als Dicki endlich in der Strampelhose steckt, sagt Schnüpperle:

»Jetzt noch was für obenrum, dann bist du fertig!« Nachdem Schnüpperle zum zweitenmal alles durchgewühlt hat, findet er endlich ein Wolljäckchen. Es ist weit genug, nur die Ärmel sind ein bißchen lang. Schnüpperle krempelt gerade den ersten hoch, da ruft Annerose:

»Schnüpperle, wischst du immer noch Staub?«

»Bin schon längst fertig.«
»Und was machst du jetzt?«
»Mußt mal gucken!«
Annerose kommt zur Tür herein.
»Schnüpperle!« Sie reißt ihm den Teddy weg und wirft ihn hin. »Du Ferkel!« schreit sie. »Mutter! Mutter! Tinas schöne Sachen! Schnüpperle hat... Dicki ist pitschnaß... Schnüpperle ist...« Weinend rennt Annerose die Treppe hinunter.
Schnüpperle drückt Dicki an sich und ruft hinter ihr her: »Tinas Sachen hab ich mir doch bloß geborgt! Dicki wollte doch auch weihnachtlich sein.«

Der 22. Dezember

Annerose spielt auf der Blockflöte das Lied: Morgen, Kinder, wird's was geben!
Schnüpperle singt dazu:
Morgen abend kohommt unsre Oma,
morgehen abend wird es fein,
wehenn unsre liebe gute Oma
wird ihin unsrem Hause sein!
Einmal werden wir noch wach,
heißa, dann ist ...
»Halt, Annerose, halt! Dichte mal schnell weiter!«
»Einmal werden wir noch wach, heißa, dann ist Omatag!« sagt Annerose.
Schnüpperle lacht. »Omatag gibt's ja gar nicht! Aber das schadet nichts. Spiel, Annerose!« Schnüpperle singt:
Einmal werden wir noch wach,
heißa, dann ist Ohomahatach!
»Annerose, ich freu mich ja so auf Weihnachten! Weißt du, wie ich mich freu? – So!« Schnüpperle beißt die Zähne zusammen, ballt die Hände, reißt die Augen auf und hält die Luft an. Er wird rot vor Anstrengung. »So freu ich mich!« ächzt Schnüpperle. »Du auch?«
»So ähnlich«, sagt Annerose. »Wenn ich bloß wüßte, was wir machen sollen, damit die Zeit schneller vergeht.«
»Ich werd mal Mutter fragen«, sagt Schnüpperle. »Mutter weiß immer was.«

Mutter sagt, sie sollen Goldband einkaufen und Kerzen für die Apfellichter und die geschnitzten Engel. »Dabei könnt ihr euch Schaufenster ansehen und Spielzeug begucken, und schon ist Weihnachten wieder ein großes Stück nähergerückt.«
Erst als sie zur Tür hinausgehen, sehen sie, daß es schneit.
»Wenn wir heimkommen, schipp ich Schnee«, sagt Schnüpperle, »dann ist Weihnachten wieder ein Stück nähergerückt. Dann essen wir Abendbrot – wieder ein Stück näher. Dann tob ich mit Vater rum – wieder ein Stück.«
»Hör doch auf!« sagt Annerose und lacht.
»Dann liest du mir was vor – wieder ein Stück.«
»Dann klapp ich das Buch zu – wieder ein Stück!«
Sie sind jetzt in der breiten Geschäftsstraße. Schnüpperle möchte am liebsten vor jedem Schaufenster stehenbleiben. Überall brennen Kerzen, überall glitzert Engelshaar und Lametta, überall funkeln Silbersterne zwischen den ausgestellten Sachen. Schnüpperle muß aufpassen, daß er Annerose nicht verliert.
»Geh doch nicht so schnell!« ruft er immer wieder. »Warte doch!« Dann rennt er hinter ihr her.
Vor dem Rathaus steht ein riesiger Tannenbaum. Der frische Schnee glitzert auf seinen Ästen. Schnüpperle hält Annerose fest und rührt sich nicht vom Fleck.
»Annerose, warum gehen die Lichter auf dem Christbaum nicht aus?«
»Weil's elektrische sind.«
»Elektrische? Wie Lampen?«

»Ja.«
»Glaub ich nicht.«
»Es sind elektrische!« sagt Annerose.
»Und wo ist der Anknipser?« fragt Schnüpperle.
»Am Baum, glaub ich.«
»Am Baum? O fein! Komm, wir gehen rüber, ich möchte mal ausknipsen.«
»Das darfst du doch nicht!«
»Ich knips doch gleich wieder an. Komm rüber!«
»Schnüpperle, ich sag's dem Vater. Immer hast du was Ungezogenes vor.«
»Und du bist eine alte Petzliese. Das sag ich auch dem Vater, und der sagt's dem Christkind!«
»Komm schnell weg!« sagt Annerose. »Dort steht ein Polizist. Wenn der gehört hat, was du machen wolltest!«
Schnüpperle dreht sich immer wieder um, ob der Polizist auch nicht hinter ihnen herkommt.
Im Kaufhaus gehen sie zu dem Tisch, an dem man Knöpfe, Garn und Nadeln kaufen kann. Annerose kauft das Goldband. Vor dem Tisch findet Schnüpperle einen kleinen Kassenschein und eine Stopfnadel.
»Guck mal, Annerose, was ich habe!« sagt Schnüpperle.
»Was willst du denn damit?« fragt Annerose.
»Die Fahrkarte heb ich mir auf, und die Nadel schenke ich Oma zu Weihnachten, weil sie immer so viel näht.«
Jetzt kauft Annerose zwei Schachteln Lichter, und Schnüpperle möchte nicht von den vielen bunten Christbaumkugeln weg. Dann gehen sie in die Spielwarenabteilung. Annerose will zu den Puppen; Schnüpperle hat

dazu keine Lust, er will zu den Eisenbahnen und zu den Rennautos. Dazu hat Annerose keine Lust.
»Wir machen es so«, sagt Annerose, »du bleibst hier, und ich hol dich nachher wieder ab.«
Schnüpperle drängelt so lange, bis er vorn an der Eisenbahnanlage steht. Ein langer Zug kommt gerade aus dem Tunnel gefahren und saust an ihm vorbei. Einen Augenblick später kommt von der anderen Seite ein Güterzug.
»Den langen Zug kriege ich!« sagt ein Junge neben Schnüpperle.
»Bestimmt?« fragt Schnüpperle.
Der Junge nickt. »Und den Bahnhof auch und die Häuser auch und den Berg dort auch und die Tankstelle auch, alles!«
»Bestimmt?« fragt Schnüpperle.
»Wenn ich's sage!«
»Kannst du doch aber noch gar nicht wissen.«

»Doch, weiß ich!«
»Ooch«, sagt Schnüpperle, »du bekommst aber viel.«
»Noch viel mehr!« sagt der Junge. »Die Autorennbahn krieg ich auch. Wollen wir mal hingehen?«
Schnüpperle geht mit. Drei Rennwagen sausen die große Bahn entlang.
»Der rote da ist der beste«, sagt der Junge, »der siegt immer!«
»Jetzt hat ihn aber der grüne gleich eingeholt«, ruft Schnüpperle.
»Der holt ihn nicht ein. In dem roten sitz ich doch! – Ich bekomm auch noch Indianersachen und eine Trommel.«
»Und ich krieg einen Hund!« sagt Schnüpperle.
Der Junge sieht ihn an. »Was für einen?«
»So einen«, sagt Schnüpperle und hält die Hand bis ans Knie.
»Hach, so einen kleinen!«
»So klein ist er bloß zuerst, dann wird er so groß!«
Schnüpperle hält die Hand jetzt hoch über seinen Kopf.
»Einen Hund möchte ich nicht.«
»Aber ich!« sagt Schnüpperle. »Mit dem kann ich jeden Tag spazieren gehen. Und wenn mich einer verhauen will, beißt ihn mein Hund in die Beine. Und wenn du's nicht glaubst, kannst du meine Schwester fragen. Dort kommt sie gerade.«

DER 23. DEZEMBER

Die erste Überraschung am Tag vor Weihnachten bringt der Postbote. Er schiebt ein großes Paket zur Tür herein. Schnüpperle hebt es an.
»Ooch, ist das schwer! Von wem ist es denn?«
»Vom Weihnachtsmann«, sagt der Postbote.
Schnüpperle schüttelt den Kopf. »Der Weihnachtsmann schickt keine Pakete, der kommt selber.«

»Na?«
»Doch, zu uns kommt er immer mit dem Christkind zusammen, bestimmt!«
»Zu mir kommt er gar nicht, schade«, sagt der Postbote.
»Du bist eben schon zu groß«, sagt Schnüpperle, »oder du warst nicht artig. Hast du vielleicht mal schlechte Wörter gesagt?«
»Wüßt ich nicht«, sagt der Postbote.
»Du wirst es schon wissen, du schämst dich jetzt bloß!«
»Das Paket ist von Tante Lore«, sagt Mutter und will es wegtragen.
»Einen Augenblick!« ruft der Postbote, »ich hab noch eins.« Und schon schiebt er das zweite Paket zur Tür herein.
»Annerose!« ruft Schnüpperle, »komm schnell, wir kriegen zwei Pakete! Eins ist von Tante Lore, und das andere ist von Onkel Heinz.«
»Ach, woher!« sagt Mutter. »Das andere Paket ist von Oma und Opa.«
»Dürfen wir gleich auspacken?« fragt Schnüpperle.
»Von wegen!« Mutter lacht. »Die Pakete werden morgen abend ausgepackt. Das sind doch unsere Weihnachtsgeschenke.«
»Nein, Mutter, nein!« sagt Annerose, »bis morgen abend halt ich's nicht mehr aus. Mutter, ich werde noch krank.«
Mutter bringt die Pakete ins Wohnzimmer und schließt die Tür zu.
»Nicht mal angucken?« fragt Annerose.
»Nicht mal schütteln?« fragt Schnüpperle.

»Gar nichts!« sagt Mutter. »Nur darauf freuen.«
»Wenn wir bloß Oma abholen könnten!« Annerose
seufzt. »Oma kann immer so schön erzählen, da vergeht
die Zeit viel schneller.«
Schnüpperle nickt. »Oma sagt auch immer so lustige
Sachen. Wenn ich Oma drücke, sagt sie immer: ›Mein
liebes Schnüpperlehäschen!‹ zu mir.« Schnüpperle hält sich
die Hände vor das Gesicht und kichert. »Das find ich so
uckelig.«
»Ulkig heißt es!« sagt Annerose.
»Na gut, und ich sag dann zu Oma: ›Mein liebes
Omamäuschen!‹ Und sie sagt: ›Mein liebes
Schnüpperlespätzchen!‹ Und ich sag: ›Mein liebes
Omaschäfchen!‹ Und immer so weiter, bis wir nichts mehr
wissen, und dann lachen wir ganz doll, weil wir's so
ucke... weil wir's so ulkelig finden.«

Die zweite Überraschung am Tag vor Weihnachten bringt
Schnüpperle. Er steht auf der Terrasse und pocht mit der
Hand an die Tür.
»Aufmachen!« ruft Schnüpperle. »Auf-ma-chen! Ich hab
was ge-fun-den!«
Mutter kommt gerannt.
Schnüpperle hält den Arm hoch. »Sieh mal, Mutter, ich
hab eine Schneeblume gefunden!«
»Das ist eine Christrose«, sagt Mutter. »Die hab ich im
Frühjahr gepflanzt und jetzt gar nicht mehr daran
gedacht.«
»Und ich hab sie gefunden!« sagt Schnüpperle. »Ich find ja

immer so schöne Sachen. Und sie hat auch noch Zwillinge.«
»Ja, gleich zwei Blüten an einem Stiel, das ist sehr selten«, sagt Mutter. Sie geht in den Garten, um nachzusehen, ob die Christrose noch mehr Knospen treibt. Und wirklich, mitten im Schnee stehen drei Blüten und ringsherum dunkelgrüne Blätter.
»Heißt es Christrose, weil sie unterm Christbaum steht?« fragt Schnüpperle.
»Nein, weil sie zu Weihnachten blüht«, antwortet Mutter.
»Da müßte sie doch Weihnachtsrose heißen!«
»Zum Weihnachtsfest kann man auch Christfest sagen.«
»Weil das Christkind dann Geburtstag hat, nicht?«
Mutter nickt.
»Oh, jetzt weiß ich's«, sagt Schnüpperle. »Zum Geburtstag bekommt man immer Blumen geschenkt, und das hier sind die Geburtstagsblumen fürs Christkind, nicht?«

Die dritte Überraschung trifft am Nachmittag ein.
»War das nicht Vaters Auto?« fragt Mutter.
»Vater will doch erst in einer Stunde hier sein«, sagt Annerose.
»Und dann fahren wir gleich zum Bahnhof und holen Oma ab«, sagt Schnüpperle. »Jetzt sitzt Oma noch im Zug.«
»Dann hab ich mich wohl getäuscht«, sagt Mutter.
Schnüpperle geht zum Fenster. Auf einmal dreht er sich um, reißt die Küchentür auf, die Flurtür, die Haustür.
»Oma! Oma!« schreit er und stürzt vor Freude beinahe

die Treppe hinunter. Oma fängt ihn auf. Schnüpperle fällt Oma so stürmisch um den Hals, daß Oma der Hut verrutscht. Er will sie überhaupt nicht wieder loslassen.
»Jetzt komm ich!« ruft Annerose und zieht Schnüpperle weg.
»Und dann ich!« sagt Mutter und nimmt Oma in die Arme.
»Aber Oma, wo kommst du denn auf einmal her?« fragt Schnüpperle, »du sitzt doch noch im Zug!«
»Nein, ich steh bei euch im Haus«, sagt Oma. »Ich bin nämlich mit einem Zug gefahren, der eine Stunde eher hier ist. Aber das hat nur euer Vater gewußt. Es sollte eine Überraschung sein.«
»Och du!« sagt Schnüpperle und hängt schon wieder an Omas Hals. »Du bist ja eine richtige Überraschungsoma!«

DER 24. DEZEMBER

»Oma, was sollen wir bloß machen, daß es schnell heute abend wird?« sagt Annerose.
»Du spielst Flöte«, schlägt Schnüpperle vor, »und ich sing dazu.«
»Nein, deine Singerei geht mir auf die Nerven«, sagt Annerose. »Du singst immer ›oho, uhund‹ und so.«
»Ich weiß was«, sagt Oma.
»Was denn?«
»Apfellichter.«
»O ja! Annerose, hol Äpfel rauf und Lichter, und ich bleib bei Oma.«
»Streichhölzer nicht vergessen!« ruft Oma. »Und bring auch ein Geschirrtuch mit, damit wir die Äpfel schön blankreiben können.«
Als Schnüpperle mit Oma allein ist, sagt er:
»Du bist schon sehr neugierig, was du zu Weihnachten kriegst, nicht?«
»Und wie!«
»Du kannst es schon gar nicht mehr erwarten, nicht, Oma?«
»Wie du das weißt, mein Schnüpperle!«
»Kannst ja mal raten«, sagt Schnüpperle.
»Mach ich. Bekomm ich von dir vielleicht ein Bild?«
»Nein.«
»Einen Kuchen aus Knete?«

»Auch nicht.«
»Buntstifte?«
»Nein. Ach, Oma, du kriegst es nicht raus. Es ist was zum somachen.« Schnüpperle stichelt mit einer unsichtbaren Nadel auf seiner Hose herum.
»Ah, ich kann mir's denken!«
»Gut.« Schnüpperle nickt zufrieden. »Aber nicht weitersagen und gleich wieder vergessen.«
»Gut.«
»Und was meinst du wohl, Oma, was du von mir und Annerose zusammen bekommst?«
»Noch was von dir?«
»Ja, rate mal!«
»Oh, ist das schwer, ist das schwer«, sagt Oma, »es gibt doch hunderterlei schöne Sachen.«
»Ich helf dir ein bißchen, Oma. Es fängt mit sowas an: T – T –«
»Ich weiß, Tinte!«
Schnüpperle lacht. »Falsch geraten!«
»Was gibt's denn noch mit T? Vielleicht eine Turnhose?«
»Nahein!« Schnüpperle lacht und kann nicht wieder aufhören. »Eine Turnhose! Eine Turnhose! Ach, Oma, für eine Turnhose bist du doch viel zu dick!«
»Dann sind's vielleicht Teekuchen?«
»Nein, aber zum Essen ist's auch was. Mit Sch – Sch –«
»Mit Sch? Warte mal.«
Annerose kommt die Treppe herauf.
»Pst, Oma, wir machen nachher weiter!«
»So schöne rotbackige Äpfel«, sagt Oma und fängt gleich

an, den ersten mit dem Tuch zu polieren. Dann dreht sie den Stiel heraus, damit der Apfel feststeht, nimmt ein Licht aus dem Karton, zündet es an und tropft Wachs in die Apfelmitte. Sie drückt schnell das Licht darauf, und schon ist das erste Apfellicht fertig.
»Nicht auslöschen«, bettelt Schnüpperle, »es ist gleich so weihnachtlich.«
Nun haben sie zu tun. Annerose muß Äpfel blankreiben, Schnüpperle dreht die Stiele heraus, und Oma klebt die Lichter fest.
Im Nu ist es Mittag. Heute gibt es für jeden nur einen Teller Suppe, damit abends das Festessen um so besser schmeckt.
»Jetzt leg ich mich ein halbes Stündchen aufs Ohr«, sagt Oma. »Wer will, kann mitkommen.«
»Ich!« sagt Schnüpperle.
»Ich nicht«, sagt Annerose, »ich kann doch nicht schlafen.«
»Wir machen auch bloß dummes Zeug, nicht, Oma?«
»Zuerst, dann schlafen wir, sonst fällst du heut abend zu schnell vom Stengel!«
Am Nachmittag ziehen Schnüpperle und Annerose ihre besten Sonntagssachen an. Oma hilft ihnen. Mutter hat schon den Kaffeetisch gedeckt und den ersten Christstollen angeschnitten.
»Der ist aber gut geraten!« sagt Vater. »Und wie er schmeckt, hm!«
Nach dem Kaffeetrinken fahren sie alle zusammen zum Weihnachtsgottesdienst. Als sie aus dem Auto steigen, läuten schon die Glocken.

Schnüpperle faßt Oma an der Hand. »Jetzt ist Weihnachten, nicht?«
»Ja, mein Schnüpperle.«
Als Schnüpperle auf Omas Schoß in der Kirchenbank sitzt und die Orgel zu spielen beginnt, sagt Schnüpperle:
»Jetzt kommt das Christkind auf die Erde, nicht, Oma?«
Oma nickt. Schnüpperle nimmt Omas Hand zwischen seine Finger und drückt sie.
»Ich freu mich so sehr, Oma.«
»Ich auch.«
Der Gottesdienst fängt an. Die Weihnachtslieder, die Schnüpperle nicht kennt, singt ihm Oma ins Ohr. Deshalb singt Schnüpperle immer ein bißchen hinter den anderen her. Als der Pastor von der Kanzel predigt, flüstert Schnüpperle:
»Er weiß das alles vom lieben Gott, nicht?«
Oma nickt.
»Steht er deshalb so hoch oben?«
»Nachher sag ich dir's«, flüstert Oma.
Aber nachher hat es Schnüpperle vergessen, denn als sie heimfahren, sind in manchen Häusern schon die Kerzen auf den Christbäumen angezündet. Schnüpperle und Annerose geraten außer Rand und Band.
Daheim kümmert sich Oma um das Essen. Vater und Mutter warten im Wohnzimmer auf das Christkind. Annerose und Schnüpperle decken den Tisch. Auf dem Bord in der Eßecke stehen die Apfellichter, mitten auf dem Tisch steht der große Leuchter mit den vier Kerzen. Mutter hat das Festgeschirr aus dem Schrank geholt, und

Annerose legt hinter jeden Teller einen kleinen
Tannenzweig.
»Ist es so schön, Oma?«
»Wunderschön weihnachtlich.«
Annerose rückt immer wieder an den Tellern herum. Das
Essen ist fertig, und das Christkind war immer noch nicht
da.
»Zu uns kommt es ja meistens erst nach dem Essen«,
sagt Mutter, »es kann doch nicht in jedem Haus zur
gleichen Zeit sein.« Sie zündet die Kerzen an. Als alle um
den Tisch sitzen, faßt sie nach Vaters und Schnüpperles
Hand, Schnüpperle faßt Annerose an, Annerose faßt Oma
an, und auf der anderen Seite halten sich Vater und Oma
an den Händen.
»Ich wünsche euch allen ein frohes Weihnachtsfest!«
sagt Mutter.
»Danke, wir dir auch!« sagen die anderen.
»Kommt das Christkind jetzt auch bestimmt nicht?« fragt
Schnüpperle.
»Nein, nein«, sagt Vater, »bevor wir aus dem
Wohnzimmer gegangen sind, hab ich mich noch mal
genau umgesehen.«
»Und wenn doch?«
»Ich hab für alle Fälle die Tür nur angelehnt und das
Licht brennen lassen«, sagt Mutter. »Da geht es bestimmt
nicht vorbei.«
Jetzt erst kann Schnüpperle in Ruhe Gänsebraten essen.
»So«, sagt Mutter, als sie fertig sind, »ihr helft Oma
aufräumen, und wir gehen wieder ins Wohnzimmer.

Jetzt kann es nämlich nicht mehr lange dauern.«
Und wahrhaftig, kaum haben sie das Geschirr beiseite gestellt, da hören sie es im Garten klingeln.
»Der Schlitten! Der Schlitten!« ruft Schnüpperle. »Sie sind da!«
Annerose und Schnüpperle setzen sich auf die Bank und lauschen. »Hörst du's sprechen?« flüstert Annerose. »Es hat eine ganz leise Stimme.«
»Müssen die aber viel bringen!« flüstert Schnüpperle.
»Die Tür geht immerfort auf und zu.«
Jetzt ist es eine Weile still. Und dann läutet die Glocke im Wohnzimmer!
»Oma!« ruft Schnüpperle und faßt nach Omas Hand.
Annerose geht auf Zehenspitzen.
Da macht Mutter die Tür auf. Sie sehen nur den Christbaum. Er reicht vom Fußboden bis zur Zimmerdecke und strahlt im Lichterschein.
O du fröhliche, o du selige,
gnadenbringende Weihnachtszeit!
singen Vater und Mutter. Oma und Annerose singen mit:
Welt ging verloren, Christ ist geboren,
freue, freue dich, o Christenheit!
Schnüpperle kann es nur sprechen. Er sieht den Christbaum und kann vor lauter Freude nicht singen.
O du fröhliche, o du selige
gnadenbringende Weihnachtszeit!
Christ ist erschienen,
uns zu versühnen,
freue, freue dich, o Christenheit!

Als sie Atem holen und zum dritten Vers ansetzen, macht es plötzlich: »Wa! Wawa!«

»Mutter!« schreit Schnüpperle. »Mutter!« Er läßt Omas Hand los, rennt zwischen Vater und Mutter hindurch und schiebt den Sessel zur Seite. Den dritten Vers müssen Vater, Mutter und Oma allein zu Ende bringen, denn jetzt ist auch Annerose nicht mehr zu halten.

»Tina! Tina! Meine liebe kleine Tina! Seht doch bloß, sie hat ein Taufkleid an aus rosa Seide und ein rosa Himmelbett!«

Von Schnüpperle ist gar nichts mehr zu sehen.
Schnüpperle sitzt glückselig in einem Hundekorb und drückt sein Hundebaby an sich.

»Mein Weihnachtshund!« ruft Schnüpperle. »Mein Weihnachtshund ist genauso, wie ich ihn wollte! Er hat ganz lange Ohren und braune Augen und vier Beine und so ein niedliches kleines Stummelschwänzchen. Und er gehört mir, ganz alleine mir!«

*Weitere Bände mit Schnüpperle
von Barbara Bartos-Höppner*

Ferien mit Schnüpperle
24 Feriengeschichten

Ponyfest mit Schnüpperle
24 Sommergeschichten

Schnüpperle
24 Ostergeschichten

Schnüpperle kommt in die Schule
24 Schulgeschichten

Schnüpperle hat Geburtstag
*Geschichten zum schönsten
Tag des Jahres*

bei C. Bertelsmann